Marielle & Monica

Marielle & Monica

UMA HISTÓRIA DE AMOR E LUTA

1ª edição

MONICA BENICIO

Rio de Janeiro, 2024

Copyright © Monica Benicio, 2024

Todos os direitos reservados. É proibido reproduzir, armazenar ou transmitir partes deste livro, através de quaisquer meios, sem prévia autorização por escrito.

Todos os esforços foram feitos para localizar os fotógrafos das imagens e os autores dos textos reproduzidos neste livro. A editora compromete-se a dar os devidos créditos em uma próxima edição, caso os autores as reconheçam e possam provar sua autoria. Nossa intenção é divulgar o material iconográfico e musical, de maneira a ilustrar as ideias aqui publicadas, sem qualquer intuito de violar direitos de terceiros.

Foto na p. 142: © Leo Helal

PROJETO GRÁFICO DE CAPA E MIOLO: Maikon Nery
IMAGENS DE CAPA E MIOLO: Acervo pessoal de Monica Benicio
DIAGRAMAÇÃO E DESIGN DOS CADERNOS DE IMAGENS: Ligia Barreto | Ilustrarte Design

CIP-BRASIL. CATALOGAÇÃO NA PUBLICAÇÃO
SINDICATO NACIONAL DOS EDITORES DE LIVROS, RJ

B415m

Benicio, Monica, 1986-

Marielle e Monica : uma história de amor e luta / Monica Benicio. - 1. ed. - Rio de Janeiro : Rosa dos Tempos, 2024.

ISBN 978-65-89828-35-8

1. Franco, Marielle, 1979-2018. 2. Benicio, Monica, 1986-. 3. Vereadoras - Biografia - Brasil. 4. Cônjuges - Biografia - Brasil. I. Título.

24-87974   CDD: 920.72
                                CDU: 929-055.2

Meri Gleice Rodrigues de Souza - Bibliotecária - CRB-7/6439

Este livro foi revisado segundo o Acordo Ortográfico da Língua Portuguesa de 1990.

Direitos desta edição adquiridos pela
EDITORA ROSA DOS TEMPOS
Um selo da
EDITORA RECORD LTDA.
Rua Argentina, 171 – Rio de Janeiro, RJ – 20921-380
Tel.: (21) 2585-2000.

Seja um leitor preferencial Record.
Cadastre-se no site www.record.com.br
e receba informações sobre nossos lançamentos e nossas promoções.

Atendimento e venda direta ao leitor:
sac@record.com.br

Impresso no Brasil
2024

"Um amor bonito de se ver. De se embebedar. De se compartilhar. Mari me apresentou Monica na Maré, e logo de cara me embebedei com pé sujo na cama delas. Monica ficou braba, e ali compartilhamos um amor que nunca teve fim. Ali eu conheci outra Marielle: mais intensa, mais linda, mais inteira. Um amor bonito de se ver. Quanta quanta quanta saudade tenho do amor das duas! Do amor de nós três! Saudade é para ajudar a guardar na memória o mais lindo encontro que há. E este livro é para o mundo saber que o amor delas para sempre existirá."

Talíria Petrone, deputada federal
e amiga do casal Marielle e Monica

"Sabe um amor que vem tão forte, que contagia todo mundo em volta? Um amor que enfrentou todo tipo de obstáculo, com a força das marés, virando uma linda história. Quem conviveu de perto com Marielle e Monica teve a alegria de presenciar esse amor, de testemunhar essa relação de admiração, respeito e lealdade inabaláveis. Nunca se separaram, mesmo que estivessem separadas – também há testemunhas! Piada, implicância, carinho e cuidado na mesma medida. Agora, com este livro, essa história fica registrada para sempre – o tempo de duração desse amor."

Juliana Farias, antropóloga, lésbica e amiga
do casal Marielle e Monica desde 2008

À minha esposa, companheira, A.D.M.V.,
Marielle Franco, que é e sempre será
a razão de tudo isso.

"O que a memória ama
fica eterno. Te amo com a memória, imperecível."
ADÉLIA PRADO

SUMÁRIO

11 PREFÁCIO

17 RELATO DO DIA

PARTE I   25   MARIELLE, COM 2 L'S

CAPÍTULO 1	26	O ENCONTRO
CAPÍTULO 2	32	O SENTIMENTO
CAPÍTULO 3	40	O BEIJO
CAPÍTULO 4	47	O CONFLITO
CAPÍTULO 5	54	O ALTAR
CAPÍTULO 6	57	O QUARTINHO
CAPÍTULO 7	63	TRAIÇÕES
CAPÍTULO 8	66	A FAMÍLIA
CAPÍTULO 9	77	LIBERDADE É UM CAMINHO SEM VOLTA
CAPÍTULO 10	81	O MARIDO
CAPÍTULO 11	87	A AMANTE
CAPÍTULO 12	92	A MULHER POR QUEM ME APAIXONEI
CAPÍTULO 13	98	A FILHA QUE EU TIVE
CAPÍTULO 14	103	A PARCERIA
CAPÍTULO 15	117	O LAR
CAPÍTULO 16	129	OS PLANOS

135 RIO DE JANEIRO, 1º DE JANEIRO DE 2018

PARTE II	147	EM PARALELO, DUAS VIDAS
CAPÍTULO 17	148	14 DE MARÇO DE 2018
CAPÍTULO 18	155	O DIA SEGUINTE
CAPÍTULO 19	159	UNIÃO ESTÁVEL
CAPÍTULO 20	162	DESESPERO
CAPÍTULO 21	166	O ALCOOLISMO
CAPÍTULO 22	177	DAVID MIRANDA
CAPÍTULO 23	182	A MULHER QUE PASSEIA EM CASA E MORA NO MUNDO
CAPÍTULO 24	187	MADDOX E FRANCISCO
CAPÍTULO 25	193	AS MULHERES LÉSBICAS
CAPÍTULO 26	200	VEREADORA MONICA BENICIO
CAPÍTULO 27	203	LUTO É VERBO
	209	A ÚLTIMA CARTA QUE IREI ESCREVER PARA VOCÊ — CARTA A MARIELLE FRANCO
	234	PLAYLIST — TRILHA SONORA DE MARIELLE E MONICA
	235	AGRADECIMENTOS

PREFÁCIO

Zélia Duncan

NUNCA É FÁCIL DECIDIR COMO COMEÇAR, como escolher as palavras que podem abrir as portas para uma leitura que vai trazer inúmeros sentimentos e que diz respeito a nós com tanta atualidade.

A meu ver, o dia 14 de março de 2018 significa um marco do momento sinistro pelo qual oficialmente adentramos, a partir da violência brutal contra a vida de Marielle Franco. Não só no Rio de Janeiro, onde o fato se deu, mas também por todo o país, havia a sensação de termos caído numa armadilha mortal e coletiva. No entanto, este livro não é só sobre aquele dia, é sobre os muitos dias de uma vida. Mais que isso, é sobre duas vidas que se encontraram, duas mulheres que, ao se reconhecerem, não se deixaram soterrar pelo preconceito e, apesar dessa e de todas as outras dificuldades, escolheram dizer "sim". Então, depois de mergulhar nesta bela, comovente e perturbadora leitura, me sentindo tocada por todas as camadas alcançadas aqui, eu só poderia mesmo escrever este prefácio falando de amor. Esse é o tema crucial deste livro que você tem em mãos.

"O amor parecia poder tudo", revela Monica. Mesmo numa frase que parece esperançosa, traz no seu tempo verbal um tanto de realidade já experimentada. O amor não pode tudo, mas sem ele não podemos nada nem teríamos uma história tão real e arrebatadora para contar.

Foram 14 anos de encontros e desencontros, até essas duas mulheres conseguirem de fato ficar juntas e poderem cuidar uma da outra – além da filha de Marielle, Luyara – como uma família.

"Eu jamais me acostumei com a presença dela." A frase de Monica para Marielle, aparentemente tão singela para a maioria das pessoas, contém a ideia do quanto foi desejado e batalhado o simples fato de poderem conviver em paz. Revela uma felicidade renovada a cada dia, por estar finalmente com seu amor.

Mas lembro aqui que a vida entre iguais é moeda moral, usada para oprimir e impor violência contra nós. Então, as coisas triviais, como dar as mãos enquanto se caminha, acordar com seu amor, tomar café da manhã juntas, são gestos e acontecimentos que frequentemente nos são tão proibidos, que, ao conseguirmos vivê-los, demoramos a nos acostumar, como se não fossem para nós essas pequenas doses de felicidade em gotas. Nesse caso, gotas de suor. Quase todas as dificuldades elencadas por Monica sobre a relação amorosa com Marielle passam pelo fato de serem elas duas mulheres. E todas as belezas também.

O fato de Marielle e Monica serem hoje duas figuras públicas nos ajuda a imaginar as cenas descritas, nos encantamos quando, nessa leitura, conseguimos vê-las se apaixonando, se maquiando juntas ou fazendo a cama a quatro mãos. É cruel ter que barganhar sua natureza, para continuar se sentindo amada por sua família ou seus supostos amigos. Por isso também, não poderia ficar de fora o relato emocionante sobre o amor definitivo de um amigo, como foi o de David Miranda, que, num momento extremo, conseguiu salvar a vida de Monica. "Ele mergulhou comigo na profundeza da minha dor", diz ela. Um mergulho que também significou um resgate.

Em meio a uma paixão avassaladora, que se transformava num amor profundo, Monica se perguntava por que aos olhos do mundo tudo ficava de repente feio e pecaminoso. O moralismo e a lesbofobia se colocaram no caminho, nublaram o horizonte da liberdade pessoal, mas não conseguiram impedir o amor decidido a vingar. É preciso acompanhar aqui, através dos olhos de Monica, a jornada de uma para a outra, fazendo de cada desencontro também uma confirmação da vontade de ter uma família juntas e lutar por isso.

Eu soube da existência de Monica Benicio quando alguém me mandou uma mensagem dizendo: "Você sabia que Marielle era casada com uma mulher?" Meu coração se agitou. Como assim? Onde ela está? Temos que olhar para ela, lhe dar a mão. Em pleno 2018, por que a existência de Monica Benicio ainda soava como um sussurro de canto de boca? Se eu, eleitora de Marielle, que a tinha encontrado apenas duas vezes na vida, estava de luto, como estaria sua companheira, de quem ninguém havia falado ainda? Me consolou muito ler aqui a importância das mulheres lésbicas para tirar de vez essa invisibilidade.

Monica devolveu esse cuidado já como vereadora, lutando para aprovar o Dia da Visibilidade Lésbica, pelo qual Marielle tanto se dedicou. "Um legado, afinal, não é só aquilo que se deixa, mas aquilo que se leva adiante."

Monica teve que lutar fortemente, até pelo direito à sua viuvez. Tanto quanto lutou para viver seu grande amor. Pelo simples fato de serem duas mulheres. "A luta mudou nossa vida para sempre, mas também nos fez perder o medo de lutar." Este livro tem uma enorme importância também porque nos deixa conhecer e acarinhar esses fatos, esse amor inspirador, que se desdobrou em tantas lutas e nos deu uma aliada na vida como Monica Benicio. Mesmo diante de uma perda irreparável e sem volta, há um grande ganho. Ela pegou o fio e seguiu, não como se fosse Marielle, mas a partir de tudo que viveu e presenciou ao lado dela. Fico me perguntando quantos outros pontos de contato com Marielle ela sentiu, mesmo depois de estar sozinha.

E ela algum dia vai estar sozinha, depois de viver um amor que a apresentou a si mesma dessa maneira?

Monica trocou de pele, virou do avesso, visitou seus limites e fragilidades, mas voltou para si mesma, como uma leoa que precisa alimentar sua espécie. "Não sabia o que fazer com a metade de mim que não morreu." Aqui ela se deixa ver e provoca a catarse necessária para que sua vida prossiga como ela merece. E ela segue, agregando ao seu peito todo amor vivido, que tem sido e sempre será combustível para uma vida que continua sendo escrita corajosamente, como o livro que agora você vai ler.

"O amor é aquilo que me fez sobreviver e ir à luta."

PREFÁCIO

A partida de Marielle decepou sonhos que se realizariam, lutas que seriam vencidas, sorrisos que inundariam nossa vida de esperança. Mas, ao mesmo tempo, apagar uma vida tão luminosa acabou por acender muitos faróis.

Um deles, para a sorte de quem ficou, atende pelo nome de Monica Benicio.

RELATO DO DIA

14 DE MARÇO DE 2018 era para ter sido só mais uma quarta-feira qualquer. Quando acordei, não sabia que aquele seria o primeiro dia do resto da minha vida.

Ainda de madrugada, a voz dela me tirou de um pesadelo. "Amor, acorda, ACORDA!", dizia, com um misto de alerta e de carinho. Foi assim, falando com firmeza e me sacudindo levemente, que ela me salvou de um sonho ruim.

Eu não me lembro com o que estava sonhando, mas algo me incomodava. Levantei no escuro, um pouco assustada, e fui buscar água. Maddox me seguiu até a cozinha. Voltamos juntos para o quarto. Assim que entrei, vi que Marielle estava sentada no centro da cama, me esperando voltar. Estiquei meu braço e ofereci água para ela. Pelo jeito que eu me levantei, sabia que ela estaria acordada e também gostaria de beber um pouco de água. Então, eu me deitei novamente ao seu lado. Ela apoiou o copo na cabeceira da cama e também se deitou, se acomodando no meu peito. Se ajeitou entre meu ombro e meu pescoço e, com a voz baixa, perguntou o que eu tinha sonhado. Agora, eu não me lembro com nitidez se realmente já tinha me esquecido ou se apenas não quis contar o que eu tinha visto naquele sonho. Desconversei, enquanto fazia cafuné nela. Ela colocou a mão sobre meu coração ainda acelerado e disse: "Tá tudo bem, eu tô aqui", e levantou o rosto para me beijar.

Nos beijamos muito. E fizemos amor até o sol se levantar.

***

Quando o despertador tocou, nos lembrando de que era hora de iniciar a rotina do dia, seguimos o nosso roteiro. Arrumamos a cama juntas, como fazíamos diariamente: tagarelando horrores entre as dobras dos lençóis. Aquele era o momento em que sempre passávamos nossa agendinha, falando uma para a outra o que faríamos ao longo do dia. Maddox ficava deitado na caminha dele, que ficava ao lado da nossa, como de praxe. Ele era um vira-lata peludinho, preto e branco, que Marielle havia me dado de presente, em 2005, no nosso primeiro Dia das Namoradas. Costumávamos brincar com isso, falando que Maddox nasceu assim por ser filho de uma mãe preta e de uma mãe branca. Ele era muito dócil, e faria aniversário naquela mesma semana. Estávamos pensando em aproveitar a inauguração do pequeno jardim de que eu estava cuidando em casa, junto com meu irmão, para comemorar o aniversário do Maddox. Eu estava dedicada e o jardim estava ficando do jeito que eu queria. Eu havia planejado que, depois do carnaval, daria o jardim de presente para Marielle. O lugar era perfeito para receber amigos, e os 13 anos do Maddox, que seriam completados no domingo seguinte, eram a ocasião perfeita para a inauguração. Mas não deu tempo.

Era dia de fazer feira. Ela adorava. Eu preferia esperar em casa e guardar as compras. O dia começou a mil. Estávamos felizes. Era uma manhã bem ensolarada, típica do Rio de Janeiro. Nossas agendas estavam lotadas e estávamos nos organizando para sair. Eu tinha combinado com Marielle que iria até a sua sala na Câmara Municipal terminar o projeto da reforma do gabinete dela. Comecei a pensar na configuração dos espaços de trabalho para a sua equipe logo depois de ela tomar posse como vereadora. Já havia se passado um ano desde então. Naquela tarde, eu repassaria os detalhes do projeto com a equipe para ajustes e melhorias, de acordo com o que eles precisavam. Deixei Marielle na cozinha de casa preparando as marmitas e corri, atrasada, para a terapia. Aquele momento foi inusitado. Geralmente era eu quem fazia as marmitas e Marielle quem estava sempre atrasada. No portão verde da pequena vila onde morávamos na Tijuca, parei antes de sair. Voltei correndo e entrei pela porta da cozinha. Marielle estava concentrada, organizando a comida, quando eu disse:

"Amor, esqueci..."

Antes que ela terminasse de perguntar "O quê?", eu a beijei. Ela estava rindo para mim quando passei pela porta e a olhei de longe. Então, Marielle se despediu:

"Te amo! Vai com Deus e cuidado, hein?"

Correndo, eu respondi:

"Deixa comigo! Te amo! Até mais tarde."

Vivíamos a melhor fase da nossa vida. Por anos, sonhamos em construir nossa família juntas, estávamos muito felizes e realizadas por finalmente desfrutarmos o nosso amor.

***

Na hora do almoço, fui ao gabinete dela na Câmara. As marmitas que ela havia preparado com muito cuidado estavam lá. Eu cozinhava e cuidava da maior parte das tarefas domésticas. Estava fazendo mestrado em Arquitetura naquele ano, então, nosso combinado era que eu ficasse mais em casa, me dedicasse aos estudos para entregar a dissertação e cuidasse das nossas coisas pessoais enquanto Marielle exercia a vereança. Não era comum que houvesse quebra na rotina, eu era sempre "organizada e metódica", como Marielle vivia falando. Ela, que cuidava de todo mundo, quando estava comigo se permitia ser cuidada. Meu signo, Aquário, e o dela, Leão, são opostos complementares.

Quando entrei no gabinete, fui direto para a sala dela. Ela estava toda vestida de azul. Eu achei engraçado. Geralmente eu separava a roupa dela pela manhã, mas naquela quarta-feira não tive tempo. A primeira coisa que notei foi que ela estava usando a minha calça favorita, uma calça larga de tecido frio e mole, muito confortável, que tinha tons azulados e flores amarelas. Ela colocou uma blusa regata azul, para combinar, e um brinco que reproduzia o formato de uma rosa azul de tom arroxeado parecido com o da blusa – uma tentativa de combinar os brincos com a roupa.

"Tá fazendo o que com a minha calça, Marielle? E, vem cá, os Smurfs sabem que você mexeu no guarda-roupa deles?"

Rimos juntas.

Marielle adorava sair vestida de uma cor só e eu adorava implicar com ela por isso. Às vezes, ela variava o tom, mas era raro vê-la usando muitas cores diferentes ao mesmo tempo. Eu perguntava para ela sobre a escolha do *look* e ela sempre respondia que estava usando "tom sobre tom". Eu ria. Adorava implicar com ela por tudo e qualquer coisa. Amava o jeito com que ela sorria ao tentar se desvencilhar das minhas piadas e provocações. Por fim, eu sempre ganhava um beijo e, *quase sempre*, a discussão.

Almoçamos na sala dela, na mesa da vereadora. Ficamos um momento a sós antes da reunião seguinte, que começaria em breve. Nos beijamos às portas fechadas. Ela me acompanhou na saída do gabinete 903 até a porta do elevador no hall do nono andar. A ascensorista subiu e desceu umas três vezes. Eu simplesmente não conseguia entrar no elevador porque nós estávamos conversando, nos abraçando, nos beijando, nos despedindo como se o tempo fosse só nosso. Despedidas nunca foram fáceis para nós. O ato de voltar após se despedir, fosse da porta ou do portão de casa, após sair do carro, coisas assim, era comum entre nós. Sempre nos beijávamos e nos abraçávamos várias e várias vezes antes de nos separarmos. O desejo de querer o toque, de querer estar perto, estar juntas infinitamente era muito forte desde o momento em que nos conhecemos.

Quando finalmente entrei no elevador, eu ainda estava tagarelando. Não me lembro sobre o que era, mas dei poucos passos até o fundo da caixa metálica. A ascensorista gentil se sentiu vitoriosa por finalmente me ver dentro do elevador. Eu me virei em direção à porta e olhei para Marielle antes que o elevador se fechasse. Ela estava parada de frente para mim, de pé no corredor, com seus cabelos dourados, toda vestida em tons azuis, e ostentou aquele sorriso largo que iluminava minha alma. Ela sorriu com a boca e com os olhos de um jeito que eu amava. Jogou um beijo e, gesticulando, disse silenciosamente: "EU – TE – AMO", marcando de forma lenta cada palavra.

Quando a porta do elevador foi se fechando, eu me esforcei para olhá-la até a última fresta se encerrar. Essa foi a última vez que eu vi meu grande amor, minha mulher, com vida.

"Tudo em meu redor se dividiu
por metade com a morte."
Valter Hugo Mãe

Tomorrow, Yesterday or Today
O amanhã se torna HOJE
A madrugada é escura,
Tem a "nossa" LUA mas sim
tem o Sol que Irradia e Ilumina
Ilumina o futuro que desejo e
quero com vc. E assim, estamos
seguindo rumo ao futuro, mas
construindo o hoje.
E nesse hoje tenho muito a
agradecer por todos os "amanhãs"
que eu esperei. E ter força pra
construir o AMOR de sempre.
BEIJ

Bilhete de Marielle para Monica

PARTE I

MARIELLE, COM DOIS L'S

CAPÍTULO 1 – O *encontro*

FEVEREIRO DE 2004. EU TINHA 18 ANOS recém-completados e nunca tinha viajado sozinha, quer dizer, nunca tinha viajado sem a companhia de ninguém da minha família. Estava ansiosa para embarcar na primeira viagem que eu faria em grupo de amigas. Queríamos passar o carnaval juntas fora da cidade para aproveitarmos a festa. O destino era Jaconé, uma praia de Saquarema no limite com Maricá, na Região dos Lagos, no Rio de Janeiro. A viagem era uma iniciativa de amigas que faziam parte da Igreja Nossa Senhora dos Navegantes, na Maré.

Naquela época, tudo era novidade. Eu já não era mais criança fazia tempo, mas levei comigo um bicho de pelúcia que adorava. Acho que como uma forma de sentir alguma segurança. Na minha infância, eu nunca tive bicho de pelúcia. Aquele, ganhei com uns 14 anos. Eu adorava dormir abraçada com ele. E mal sabia o vínculo que isso me traria.

Pontual, como sempre, cheguei na porta da igreja no horário combinado. Odiava deixar as pessoas me esperando porque odeio esperar. Naquele dia, eu esperei por horas. Irritada, eu não sabia quem estava atrasando a viagem. Eu não sabia que aquele chá de cadeira de horas, na verdade, era a espera de uma vida inteira. Foi no primeiro olhar, no sorriso largo, até na blusa verde-água, que eu fui apresentada ao amor. Eu nunca consegui tirar da minha memória aquela fração de segundo na qual olhei para ela pela primeira vez e senti meu mundo, meu coração e minha alma se expandirem.

Como havia chegado na hora certa, coisa que não é muito comum no Rio de Janeiro, fiquei conversando com as minhas amigas para passar o tempo. Com a maior parte delas eu ainda não tinha muita intimidade. Sentei em cima da mala, na porta da igreja, e esperei. Todo aquele atraso já estava me deixando muito irritada. Mas eis que, enfim, chegou quem faltava. Ouvi os gritos das amigas comemorando a chegada dela. Eu não comemorei nada. Segui sentada na minha mala com a cara amarrada, olhando para o bicho de pelúcia nas minhas mãos. Uma criança linda parou na minha frente. Uma menininha de 5 anos e olhos muito atentos me observava e olhava o bichinho de pelúcia. Quando eu perguntei o nome dela, a criança precisou repetir três vezes e eu ainda fiquei na dúvida se tinha entendido certo.

"LUY-ARA!"

Ela repetiu e repetiu, mas a voz infantil não me deixou ter certeza de ter entendido corretamente. Para encerrar aquele momento e não pedir que ela repetisse mais uma vez o nome, perguntei se ela queria segurar o bichinho de pelúcia. Ela me respondeu que sim, com uma risada gostosa, e o tomou das minhas mãos.

Em seguida, a mulher que chegou atrasada parou na minha frente. Eu permaneci sentada, olhando para baixo, mas, com a aproximação dela, fui obrigada a olhar para cima. Eu precisei levantar bem a cabeça e erguer meu pescoço para que meus olhos pudessem finalmente enxergar o rosto dela. Era uma mulher alta, linda, com um sorriso largo e um brilho no olhar que parecia um farol. Tinha luz própria. O tom simpático na voz dela me fez esquecer de que era ela a culpada de toda aquela demora.

Eu me levantei e nos encaramos frente a frente, ficando claro que éramos duas mulheres altas. Eu tinha 18 anos e ela, 24.

"Boa noite."

"Era pra ser 'boa tarde' se você não tivesse demorado tanto. Mas que bom que chegou finalmente."

"Meu nome é Marielle."

"Mari o quê? Marienne?"

"MA-RI-E-LLE, com dois L's."

"Prazer, Marielle, com dois L's. O meu nome é Monica, sem L!"

Quem se apresenta soletrando a grafia do nome, gente? "Que figura!", pensei. Achei engraçado. Embora, depois, volta e meia confundisse com Marienne, com dois N's.

Começamos a conversar sobre aleatoriedades ainda na porta da igreja. Ela explicou o motivo do atraso. De cara, gostamos uma da outra. A filha dela brincava animadamente com o meu bicho de pelúcia e ficou agarrada nele durante a viagem toda. Parecia até que era justamente para dar a ela que eu tinha levado o bichinho comigo. Antes da van com destino a Jaconé sair, nós trocamos de lugar para irmos as três juntas.

Tudo parecia que era para ser. E era.
Aquela viagem transformaria toda a minha vida.

***

Sentadas juntas já na ida da viagem, grudamos uma na outra ali. E não nos soltamos mais. Nunca mais.

Logo na primeira noite, organizamos o grupo de modo que eu, Marielle e Luyara ficássemos no mesmo quarto. Na segunda noite, Luyara já dormiu comigo. Naquela época, Marielle estava saindo de um namoro. Ela tinha acabado de passar por um término bastante tumultuado, então, me ofereci para ficar com a Luyara e colocá-la para dormir enquanto Marielle curtia um pouco mais as noites de carnaval.

A praia, que ficava perto da casa onde estávamos hospedadas, tinha uma forte rebentação. Eu saía para caminhar com a Marielle cedo e, ao som das ondas quebrando, fomos nos conhecendo melhor. Luyara entrava comigo no mar, eu a colocava nas costas para pegar jacaré e ela adorava. As amigas diziam que Marielle era louca por permitir aquilo, ainda mais sem me conhecer direito. Marielle ria e confiava a filha a mim.

A viagem terminou antes para Marielle e Luyara. Uma reunião de trabalho antecipou a partida delas. Nunca me esqueci daquela despedida. Eu e uma amiga fomos levá-las à rodoviária e, na hora de dar tchau, o sofrimento foi inevitável.

Iríamos nos ver em três ou quatro dias, mas isso não parecia nada razoável, e nós choramos muito. De dentro do ônibus, Marielle e Luyara choravam olhando pela janela. Eu, parada no pátio de embarque da rodoviária, senti uma dor profunda com aquela despedida. Era como se estivéssemos antecipando todas as despedidas que teríamos ao longo de nossa vida.

Quando a amiga e eu voltamos para a casa de veraneio, eu fui me deitar e chorar. As amigas tentavam me consolar: "Calma, daqui a pouco vocês vão estar juntas de novo", era o que diziam. Não adiantava.

***

Em 2004, celular não era algo muito comum e os smartphones ainda não existiam, a comunicação era muito diferente. O bom e velho orelhão era muito usado. Antes de nos despedir, havíamos combinado os horários para nos falarmos nos dias que seguiriam, eu ainda fora do Rio e ela já de volta ao trabalho.

Eu me lembro bem da sensação de sair da casa para ir até a banca de jornal e comprar cartão telefônico. Havia dito que ligaria para ela no horário combinado e assim fiz, diariamente. Não importava se faltavam poucos dias para nos vermos, e importava menos ainda o fato de termos nos separado por tão pouco tempo. Eu esperava ansiosamente por aquele momento, e saber que nos falaríamos era o que me dava alegria. Marielle era coordenadora do CEASM (Centro de Estudos e Ações

Solidárias da Maré), trabalhava muito e em horários pouco regulares. Mas pelo menos já tinha condição de ter um celular e, assim, eu conseguia falar com ela ligando do orelhão.

Naquelas ligações, falávamos sobre tudo. Seguimos conversando e nos conhecendo, como fizemos nas caminhadas pela praia em todas as manhãs daquele carnaval. Na volta da viagem, Marielle e Luyara foram me encontrar na igreja. Estávamos juntas novamente onde tudo havia começado. Meu irmão mais velho, que tinha carro, fez a gentileza de ir até lá me buscar. Demos carona para as duas até a casa delas, que moravam com os pais da Marielle em Bonsucesso, um bairro vizinho à favela da Maré. Quando chegamos, Marielle fez questão que eu entrasse para conhecer seus pais, a Marinete e o Antônio, que a Marielle chamava carinhosamente de Toinho. Como eu estava feliz por estar perto dela. Eu estava em paz.

CAPÍTULO 2 – *O sentimento*

VOLTAR À ROTINA DEPOIS DAQUELA viagem não foi fácil: tudo que vivi e senti lá tinha sido muito transformador. Alguma coisa em mim sabia que nada mais seria como antes, a começar por meus planos e desejos para o futuro, para a vida.

A viagem tinha sido com amigas que eram católicas. Elas vivenciavam os eventos da igreja e participavam ativamente das missas dominicais. Então, ainda em Jaconé, logo no segundo dia, estávamos reunidas na cozinha quando surgiu o assunto de que as inscrições para a Crisma estavam abertas. Eu não era tão ligada à Igreja Católica, o catolicismo não era uma religião tão presente na minha vida, embora eu tenha sido criada em família católica e ocasionalmente tenha tocado teclado na igreja durante as missas das crianças. Quase todas as meninas que estavam na viagem eram madrinhas de alguém lá presente. Eram madrinhas de Crisma umas das outras e também tinham muitas afilhadas e afilhados de Crisma, e Marielle era uma delas.

Na casa de Jaconé, eu estava na cozinha sentada no colo de Marielle, papeando com as meninas, e, de forma muito natural, todas elas pediram que eu fizesse Crisma. Diziam que era uma atividade legal, que eu iria gostar do grupo de jovens da igreja.

Marielle insistiu muito para que eu me inscrevesse. Foi quando eu olhei para ela e perguntei:

"Se eu fizer Crisma, você será minha madrinha?"

"É claro!", Marielle respondeu sem hesitar.

Enrolei dias para fazer a inscrição, mesmo sob cobrança diária da Marielle. Quando chegou o último dia de inscrição, ela me ligou comunicando que ela mesma havia feito a minha matrícula na Crisma.

Tudo ao lado dela me parecia viável, parecia que fazia sentido, me dava vontade, me dava prazer. Mas, naquela época, não estávamos nem perto de assimilar o que era aquilo tudo. Todo aquele sentimento. Era muito forte, latente, um desejo quase incontrolável de tocar, de abraçar, de estarmos juntas o tempo todo. Era tudo muito intenso. No entanto, para duas mulheres que se entendiam heterossexuais, sem nenhuma referência de pessoas LGBTs no nosso convívio, quando se vive no contexto machista e LGBTfóbico da favela, não há espaço sequer para imaginar algo ali que não fosse apenas uma forte e intensa amizade.

***

Assim que os encontros da Crisma começaram, Marielle foi muito atenciosa. Ela estava sempre presente em todas as reuniões e atividades que aconteciam. Estava sempre por perto e nossa convivência se solidificou ainda mais a partir daí.

Outro plano que surgiu na viagem e que também nos uniria: minhas aulas de reforço no CEASM. Eu estava terminando o terceiro ano na escola e tinha ficado em dependência em matemática. Passei então a ter aulas regularmente no Centro de Estudos e, assim, pude conhecer melhor o lugar onde a Marielle trabalhava.

Nós passávamos muito tempo juntas. Com o CEASM, vieram as conversas na secretaria, os encontros no pátio, os lanches juntas, e nossa afinidade aumentava cada vez mais. De vez em quando eu ia estudar na sala dela em vez de ir para a biblioteca. Eu estudava enquanto ela trabalhava. E, entre uma pausa e outra, conversávamos, sempre trocando abraços, carinhos. Nossa conexão só crescia, a vontade de estarmos perto uma da outra era cada vez maior.

Passamos a sair juntas sempre, começamos a criar uma rotina em comum. Nos fins de semana que a Marielle trabalhava, eu passeava com a Luyara. Levava na praia, no shopping, no cinema e, às vezes, para passear junto com meu sobrinho Luiz Henrique, que tem a mesma idade dela. Eram atividades de lazer que, naquele momento, Marielle não conseguia acompanhar. Quando Marielle estava muito apertada de tempo e trabalho, a filha dela ficava comigo.

Então, acabamos completamente inseridas uma na vida da outra. Configuramos nossa vida de modo que a outra coubesse, estivesse sempre perto. Eu frequentava muito a casa dela, e, assim, também me conectei muito com a Luyara. Dei muitos banhos, levei mutas vezes para a escola de manhã, ensinei a escovar os dentes. Eu olhava a agenda da escola para ver o horário das aulas, qual seria a da manhã seguinte e se havia dever de casa. Foram muitas as vezes em que parei para ajudar aquela menininha, de apenas 5 anos, a fazer o dever de casa. Eu adorava aquele momento. Eu tinha 18 anos de idade e havia ganhado uma irmã caçula, ou pelo menos era o que eu pensava.

Luyara me via, naquela época, como uma irmã mais velha. Havia um carinho muito grande entre nós. Éramos muito apegadas. Quando elas iam fazer algum programa juntas, Luyara me chamava. Para onde eu fosse, ela queria ir também. Na primeira infância dela, tivemos uma relação muito bonita. Além dessas rotinas e funções diárias, eu e Marielle também nos divertimos muito juntas.

Às quartas-feiras, costumávamos sair com um grupo de amigas que adoravam um lugar no Centro da cidade que se chamava Dito & Feito. Era uma boate que abria cedo, para a happy hour, e, entre as atrações, havia homens que faziam strip e dançavam com as mulheres frequentadoras da festa no palco.

Durante o strip, apenas mulheres podiam entrar na boate, mas depois do show a presença dos homens era finalmente permitida. Então, a boate virava uma grande pegação hétero. Nós duas, até ali, só ficávamos com homens. Nunca tínhamos questionado a nossa orientação sexual. Éramos heterossexuais, não existia outra possibilidade até então. É claro que nutríamos algo especial, fora do comum, uma pela outra. Mas não nomeávamos aquilo nem tentávamos teorizar a respeito porque mal nos permitíamos pensar em qualquer coisa fora da norma.

Uma vez, numa dessas quartas-feiras no Dito & Feito, eu já tinha beijado uns quatro caras e, enquanto eu beijava um deles, ela me pegou pelo braço e falou: "Chega." Ela me arrastou pelo braço e foi me levando para fora da boate. Eu obedeci. Depois disso, fomos embora. Marielle estava irritadíssima, mas não conversamos sobre o assunto.

Nem essa cena me levou a pensar que havia algo além de amizade entre nós. Entendi aquela atitude dela como sinal de cuidado. Eu já tinha bebido, era normal que ela se preocupasse comigo, com a minha exposição, minha vulnerabilidade por estar fazendo tudo aquilo, como se ela estivesse me avisando sobre algum excesso. Não enxerguei aquele gesto como ciúme e ela não falou sobre isso.

Nas nossas saídas, começamos a brigar muito por ciúme. Era forte a tensão que nos circundava, mas não questionávamos a natureza daquela energia. Em outro momento, quem explodiu fui eu. Em uma festa com amigos da Maré, tive uma crise de ciúme quando vi Marielle beijando um cara. Nossas brigas tinham sempre uma tensão sexual que só fomos capazes de identificar tempos depois, mas, para alguns amigos, já era notório que havia algo além de um simples sentimento de amizade.

Entre nós, tudo foi sempre muito arrebatador e intenso, desde o primeiro encontro. E àquela altura, já estávamos grudadas uma na outra havia seis meses. Eu passava muitas noites na casa dos pais dela em Bonsucesso. Tínhamos nossa rotina, até para a hora de dormir. Nós nos deitávamos na cama de solteiro e pegávamos no sono juntas. Só depois de dormir que uma de nós acordava e passava para a outra cama, e mal chegava a ser mudança de cama propriamente, porque dormíamos em uma bicama baixa que Marielle tinha no quarto que dividia com sua irmã. Não havia nenhum estranhamento naquilo. Era parte da nossa rotina.

Eu dormia muito na casa dela por conta da distância da casa da minha mãe, que estava morando mais longe, em Jacarepaguá, Zona Oeste da cidade. Conseguíamos dormir no mesmo quarto porque a Anielle, irmã da Marielle, estava morando fora do país. Anielle era jogadora de vôlei e se dedicava aos estudos nos Estados Unidos. Marielle e eu alternávamos em quem dormia na cama de cima ou na cama de baixo. Luyara, às vezes, dormia conosco em uma das camas de solteiro e, outras vezes, com a avó no outro quarto.

Naquele momento, também era bastante evidente a necessidade do toque, do contato físico. Nós nos encostávamos o tempo todo. Tínhamos brincadeiras agressivas para justificar o toque. Algumas brincadeiras deixaram de ser saudáveis. Já era evidente para os amigos mais próximos que aquela agressividade vinha de um desejo reprimido. Anos depois, nós duas chegamos a falar sobre isso, sobre como custamos a nomear algo que estava na nossa cara. Marielle chegou a lembrar do caso no dia da boate de strip. Aquilo foi marcante. "É claro que foi uma crise de ciúme", me disse Marielle certa vez, achando graça. Quando relembrávamos as histórias dessa época, ela se impressionava com a dificuldade que tivemos para assimilar nossos sentimentos.

Os amigos nos falavam que a relação que tínhamos não era mais só amizade. Nós não apenas negávamos que houvesse algo a mais, como também nos sentíamos ofendidas, como se as insinuações questionassem a pureza da nossa relação. Continuávamos seguindo aquela dinâmica de toques, carinhos e brincadeiras agressivas, pois era a forma que tínhamos de canalizar nossa vontade de contato, nosso desejo de nos tocarmos. Brincávamos de morder e de trocar carinho, coisas que não fazíamos com mais ninguém, claro. O fato é que nós duas estávamos sempre, e cada vez mais, com os braços roxos e marcas esquisitas pelo corpo... Havia claramente uma forte atração entre nós que não estava sendo canalizada da maneira correta. Mas isso não era nomeado ou percebido conscientemente.

Estávamos perdidamente apaixonadas. Mas também estávamos perdidas por estarmos apaixonadas.

Então, entramos numa fase ainda mais perigosa. Começamos a brigar e a nos provocar excessivamente. Havia sempre um ponto de tensão entre nós. Parávamos de nos falar, sentíamos saudade, voltávamos a nos falar, e então discutíamos de novo para logo em seguida fazer as pazes... Era o círculo vicioso da nossa paixão mal resolvida, enrustida.

Cada vez mais, outras pessoas percebiam que havia algo ali. E isso começou a afetar minha convivência na casa da Marielle. A família dela, muito católica, começou a se mostrar hostil à minha presença. Mas o fato é que nem sequer tínhamos nos beijado. Não reconhecíamos o que existia entre nós como algo além de amor entre amigas. Nosso afeto era sagrado demais para acreditarmos que era profano, como nos diziam.

Mas a verdade é que tudo estava cada vez mais nebuloso e difícil de entender.

Um belo dia, então, resolvi ir para um retiro com o grupo de amigos da Crisma. Eu estava precisando me isolar um pouco, ficar alguns dias fora de casa. A ideia de ir para um retiro espiritual parecia fazer sentido para acalmar as coisas e o coração. Eu não sabia bem o porquê, mas alguma coisa em mim me alertava para o que estava acontecendo, e uma parte de mim, amedrontada com todo aquele sentimento, se via em pecado. Eu estava experimentando a culpa cristã, mas não tinha consciência disso.

CAPÍTULO 3 – *O beijo*

MESMO COM TODA A INTENSIDADE da relação, ainda não estava claro o que havia entre nós ou o que sentíamos de fato. Tudo ficou só no sentir, no desejo reprimido, no afeto da amizade revirado de tantas formas que a razão não sabia mais nomear. Até o dia 31 de janeiro de 2005, véspera do meu aniversário de 19 anos.

Até então, seguíamos na tentativa constante de nos convencermos de que nossa atração era apenas carinho entre amigas, que tudo não passava de uma amizade profunda e intensa. Antes de dormir, no escuro do quarto, enquanto estávamos deitadas abraçadas, eu costumava percorrer lentamente o rosto dela com a ponta dos meus dedos. Desde criança, eu sempre desenhei muito bem, foi um dos motivos pelos quais eu fui fazer faculdade de Arquitetura. Eu já estava tão acostumada com cada detalhe da Marielle que poderia desenhá-la de olhos fechados, como eu já fazia conduzindo em gestos suaves e delicados as pontas dos meus dedos pelo seu rosto até ela pegar no sono.

Naquela noite, entre as sombras estampadas na parede pela luz da lua, nasceu a liberdade de um antigo desejo inconsciente e os afagos foram se intensificando. Nossas mãos passeavam silenciosamente por nossos rostos, as bocas se aproximando num movimento lento e íntimo, e podíamos sentir intensamente a temperatura da respiração. Foi quando os nossos lábios se tocaram pela primeira vez. Um beijo muito suave de canto de boca surgiu, os lábios entreabertos se encontraram e o que era suave foi se intensificando para um beijo ofegante e absolutamente apaixonado.

Nos beijamos por um longo tempo, o suficiente para que a lua se retirasse do céu e desse lugar à chegada do sol. Tínhamos medo de interromper aquele momento e ter que lidar com a realidade dos fatos. "E agora?", era o que eu pensava. O medo, aos poucos, cedeu espaço para o prazer.

Foi só quando o céu já estava clareando e a casa começava a se movimentar que finalmente paramos de nos beijar e nos deitamos nas camas separadas sem tocar no assunto. O pai dela, que dormia em um quarto com uma janela que estava logo acima das nossas cabeças, se levantou por volta das 6 horas da manhã. Marielle passou para a cama de cima sem falar uma única palavra, mas me olhou atentamente quando subiu. Abriu um sorriso tímido que só se desmanchou quando já estava de olhos fechados. Minutos depois, o despertador tocou, lembrando que ela deveria ir para a faculdade. Como ela cursava Ciências Sociais na PUC-Rio, era preciso pegar dois ônibus para chegar no bairro da Gávea, Zona Sul da cidade e longe de casa. Eu me levantei assim que ouvi a porta bater com a saída dela. Acordei a Luyara e a arrumei para levá-la para a escola.

Embora houvesse ali um sentimento confuso, uma busca para entender as emoções que estavam nos atravessando, acima de tudo, havia uma sensação de muita felicidade. Estávamos, afinal, perdidamente apaixonadas, embora não tivéssemos nomeado isso. Depois de muito sufocar todo aquele sentimento, o desejo explodiu. Dali em diante, seria impossível ignorar tudo aquilo e agir como se não fosse nada. Mas o medo do desconhecido fez com que tentássemos fingir que tudo não passara de um grande engano.

**

Era a manhã do meu aniversário de 19 anos, 1º de fevereiro de 2005. Marielle e eu nos falamos por mensagem no telefone e combinamos de, no final do dia, nos encontrarmos. Ela marcou comigo na praça de alimentação do Norte Shopping. Queria conversar sobre o que tinha acontecido. Eu costumava brincar dizendo que ela era a "Rainha da DR", porque Marielle tinha mesmo uma obsessão por "discutir relação".

Eu estava nervosa no caminho para encontrá-la, o frio na barriga era inevitável, e eu não conseguia respirar direito e menos ainda organizar os pensamentos. Entre a sensação de pecado e uma profunda alegria que eu não sabia se podia sentir, eu me debatia internamente, contando os segundos para vê-la.

Chegando lá, pegamos comida antes de nos sentarmos. Eu não estava com fome alguma, mas tentei disfarçar o medo daquele momento. Ela sentou e parecia tranquila quando me questionou se eu já havia pensado se nossa relação poderia ser outra coisa que não amizade. Respondi a verdade: que nunca havia passado pela minha cabeça que pudesse ser algo de outra ordem. Durante um tempo, ela falou sobre sempre ter se relacionado com homens, sobre nunca ter se visto nesse lugar de desejar sexualmente uma mulher. Queria saber se eu já tinha sentido algo assim por uma mulher, e novamente respondi a verdade, que não, nunca.

Eu, ao contrário dela, sou avessa a "DR's", discutir relação nunca foi meu forte. Eu poderia fingir que nada tinha acontecido só para não ter que passar por aquele momento de conversar sobre os fatos. Para mim, é muito difícil falar sobre sentimentos, e, num dado momento, ficou claro que não chegaríamos a lugar nenhum com aquela conversa.

Talvez, se Marielle não fosse tão propensa a discutir as relações e falar sobre seus sentimentos, nós não tivéssemos passado daquele beijo. Se dependesse de mim, acho que simplesmente teríamos fingido que nada aconteceu e seguiríamos amigas, como havia sido até então.

O fato é que ambas estávamos muito assustadas. E não foi possível ali, em plena praça de alimentação do Norte Shopping, elaborar tudo. Não tínhamos a menor ideia do que estava acontecendo com a gente. Concluímos ali que não havia passado de um episódio isolado. Um acidente que não se repetiria. Que nossa amizade seguiria como sempre fora e ninguém precisava saber do que aconteceu.

Saímos do shopping como se (quase) nada estivesse acontecendo e fomos para a casa dela. Chegando perto, ao atravessar a rua, vi balões de festa pendurados na janela da sala. Fiquei desconfiada. Parecia que haveria uma festa-surpresa para mim, mas não entendi imediatamente.

Quando chegamos ao outro lado da rua, eu já havia percebido a surpresa. Era mesmo a minha festa de aniversário. Marielle reclamou com todo mundo. Disse que fez de tudo para eu entrar na casa sem saber de nada e que todo o seu esforço fora em vão, pois foi muito fácil para mim descobrir o que se passava. Ela deu a entender que toda a nossa longa conversa no shopping havia sido uma manobra para ganhar tempo e deixar minhas amigas e minha mãe organizando a festa. E quando ela disse: "Até 'DR' tive que inventar", as coisas ficaram ainda mais confusas na minha cabeça.

Quando entrei na casa, me deparei com velhos amigos de escola, de infância, pessoas queridas que eu não via há muito tempo. Eu já tinha contado a Marielle sobre a importância delas na minha vida, e ela entrou em contato com cada uma delas e as reuniu para celebrar meu aniversário. Minha mãe, meu irmão mais velho e a namorada dele também estavam lá. Foi uma noite muito feliz. No fim da festa, em vez de ir embora com minha mãe e meu irmão, decidi ficar para dormir, atendendo ao pedido da Marielle para que eu ficasse mais e passasse a noite lá.

Àquela altura, não eram mais só os amigos que estavam convencidos de que nossa relação não era mais uma simples amizade, mas nossas famílias também. Tanto a mãe da Marielle quanto a minha já estavam agindo de maneira diferente com a gente. Minha relação com a minha mãe estava estranha e tensa havia alguns dias, justamente por conta da desconfiança dela a respeito da minha relação com a Marielle. Mesmo assim, foi uma noite muito bonita. Minha mãe, que era auxiliar de dentista e ganhava um salário baixo, me deu um presente incrível para a época, uma câmera digital. Eu amava fotografar com a velha câmera que tínhamos em casa, e as câmeras digitais eram uma novidade, por isso costumavam ser muito caras. Entendi esse presente como um gesto de generosidade e tentativa de distensionar as coisas. Até hoje me emociono ao me lembrar daquele momento.

* * *

Após nos despedirmos de todos os convidados, organizamos a casa, colocamos Luyara para dormir e fomos deitar. Aquela noite mudaria toda a nossa vida.

Deitamos em camas separadas dessa vez. Ela estava vestindo um *baby-doll* de cetim verde com bolinhas brancas. Eu fiquei na cama de baixo, tentando fingir que estava tudo bem entre nós, mas a tensão e o nervosismo das duas era nítido. Conversamos sobre aleatoriedades, sobre a festa e o assunto acabou. Estávamos no escuro e em silêncio. Foi quando Marielle desceu para a cama em que eu estava e se deitou ao meu lado. A pouca iluminação do quarto permitia que nos olhássemos profundamente uma nos olhos da outra, em silêncio, de forma igualmente penetrante e sutil. Nos beijamos. Dessa vez não foi por "acidente", mas por querer. Por querer muito.

Depois disso, ficou tudo muito óbvio. Na manhã seguinte, após nos levantarmos, nos despedimos com um longo beijo antes de sairmos de casa. Quando paramos de nos beijar, eu olhei firmemente para ela e, sorrindo, falei:

"Parece que não foi um acidente nem um evento isolado, né?"

Contrariando seus velhos hábitos, para minha surpresa, ela não problematizou nem quis discutir a relação. Em vez disso, sorriu e me beijou novamente, por muitas e muitas vezes.

CAPÍTULO 4 – *O conflito*

DEPOIS DAQUELE ANIVERSÁRIO, TUDO MUDOU. As implicâncias uma com a outra, a amizade quase agressiva por conta do desejo reprimido de tocar, tudo isso ganhou novos contornos, novos gestos. O cuidado nutrido uma pela outra passou a ser diferente, nossa abordagem mudou, interna e externamente. Não havia mais aquelas brincadeirinhas agressivas que buscavam o toque em público. Ao tomarmos consciência do nosso desejo e da nova relação, que não era mais apenas uma amizade, nós passamos a evitar a troca de carinhos em público. Não queríamos os olhares de julgamento ou os comentários que já tinham nos ferido antes. Esconder dos outros o que sentíamos era a maneira mais segura de poder sentir. Ou, pelo menos, era o que nós pensávamos.

Nos sentíamos culpadas não apenas pelo desejo, mas, pela primeira vez, havia culpa também pela maneira com que escolhemos viver aquele sentimento. Ao nos permitirmos experimentar o afeto com tesão, surgiu a culpa justamente por nos permitirmos sentir aquilo. Era como se admitíssemos que o que estava acontecendo era algo errado e que, mais ainda, também admitíssemos que estávamos vivendo uma vida em pecado. Começamos a vigiar nossos gestos para que fossem menos perceptíveis e, por mais que muita gente já desconfiasse, a partir de então era verdade. Havia mesmo algo entre nós, e, com essa confirmação, sentimos medo. Passamos a controlar nosso comportamento em público para que nosso amor não fosse punido, nem nós. Não eram apenas nossos medos e receios internos, agora temíamos por nossos corpos, por nossas relações sociais, pelo trabalho, pela família, por nossa vida.

Era fevereiro de 2005 e o nosso principal local de convívio era a favela da Maré, com transições pela Zona Oeste, porque minha mãe morava em Jacarepaguá naquela época. A Linha Amarela, uma das principais vias expressas da cidade, passou a ser um caminho rotineiro.

Éramos duas mulheres que constituíram a identidade e a personalidade no ambiente da favela, que é muito machista, extremamente patriarcal e totalmente lesbofóbico. Não havia referência nem representatividade que dialogasse com nosso universo e nossos sentimentos, não tínhamos em quem nos inspirar, em quem procurar acolhimento ou abrigo. Tínhamos pouquíssimos amigos LGBTs, e os poucos eram todos homens gays. Durante muito tempo, até a faculdade, eu nunca tive nenhuma amiga lésbica, e tudo que eu sabia sobre mulheres lésbicas era pejorativo. Ser lésbica na favela era motivo de vergonha, razão para ataques com xingamentos e até violência física. O termo *sapatão* era usado sempre de forma depreciativa, como ofensa às mulheres, especialmente as que não se encaixavam num padrão supostamente feminino. Essas mulheres sofriam violência psicológica, verbal e até física. Eu sempre ouvi falas muito preconceituosas sobre lésbicas. Na adolescência, quando usava roupas largas e estava acompanhada apenas por amigos meninos, muitas vezes diziam aos meus irmãos, "Acho que sua irmã é sapatão", e isso fazia com que meu irmão mais velho sempre me reprimisse violentamente.

Um relacionamento lésbico, naquele momento, naquele local, não era qualquer coisa. Dava medo, determinava limites à própria vida e regras a serem seguidas para mantermos um convívio geral, ainda que só aparente. Então, nos policiávamos muito, sempre atentas a nossa postura, cuidando para que nosso amor não se tornasse público e objeto de ataque. O amor e o desejo que tínhamos uma pela outra batiam de frente com o fantasma da negação, o tempo todo à espreita. Afinal, a rejeição à nossa relação era certa, estava dada, começando dentro de casa.

Vivemos episódios de muita dor quando a rejeição de amigas próximas começou a surgir. As amigas da igreja, por exemplo, muito importantes e presentes em nosso convívio, sinalizavam que aquilo entre nós não era algo bom. Mesmo antes de "aquilo entre nós" estar definido, já era condenado.

Sete meses depois do nosso primeiro beijo, ainda estávamos vivendo aquele amor apenas entre nós, escondido dos olhos que poderiam condenar. Até as cartas de amor eram assinadas de maneira que ninguém além de nós pudesse identificar. "A.D.M.V." são as iniciais de *Amor Da Minha Vida*, e era assim que as assinávamos, com medo de que nos descobrissem. Era uma maneira de nos declararmos em segurança, anônimas. E acabou se tornando a nossa assinatura para sempre. Às vezes adicionávamos um "S", de "Sempre", no início.

Então, resolvemos contar o que estava acontecendo para nossas melhores amigas. Todas as amigas mais próximas já desconfiavam e começaram a ter a confirmação. Eu me lembro de, naquele momento, sentir muita ansiedade, muito medo de contar e ser rejeitada, mas também me lembro da sensação de alívio ao contar, ainda que a reação não fosse das melhores ou das mais acolhedoras.

Foi no pátio do CEASM, no intervalo da aula, que chamei uma grande amiga para conversar. Ela era uma das minhas melhores amigas na época e eu, além de amá-la demais, também tinha muito respeito por ela e pela nossa amizade, eu confiava nela. Quando contei, sua reação foi uma das que mais me marcaram. Ela havia sido a responsável por eu ter conhecido a Marielle, uma das organizadoras da viagem a Jaconé, onde tudo começou. Não foi fácil criar coragem para contar sobre o romance que eu estava vivendo, afinal, ela era muito atuante na igreja e Marielle seria, em breve, minha madrinha de Crisma. Dentro da doutrina do catolicismo, como bem sabemos, isso não era permitido, mas, pelo contrário, era um escândalo. A relação com os dogmas católicos sempre atravessou minha história com a Marielle. A norma da Igreja Católica era um fantasma vigilante e atento que nos rondava sempre e nos lembrava de que estávamos em pecado. Ou pelo menos era o que nós acreditávamos, segundo seus ensinamentos.

Ao contar para a minha amiga, o meu medo se materializou em palavras e eu estava certa por estar receosa. A primeira coisa que ela disse, ao me ouvir falar que estava apaixonada por Marielle e que nós estávamos vivendo uma história, foi que Marielle não poderia ser minha madrinha de Crisma.

A ideia de ter Marielle como minha madrinha de Crisma foi algo que se deu espontaneamente naquela casa em Jaconé. Ela surgiu quando nos conhecíamos havia dois dias apenas, e essa minha amiga havia participado daquele momento, inclusive. Minha primeira reação ao comentário negativo dela foi de defesa. Respondi que Marielle seria, sim, minha madrinha de Crisma e que aquilo não seria discutido. Quando ela insistiu, argumentando que não pode haver relação carnal para que a Crisma seja consagrada, me soou como uma condenação. Menos pelas regras para crismar em si, e mais pelo fato de sermos duas mulheres que se amavam. O olhar de desapontamento de uma das minhas melhores amigas foi a minha primeira punição. A rejeição era um receio nosso. Marielle também previu que muitas dificuldades estavam a caminho. Estávamos certas. E estava só começando.

É bem triste e duro perceber isso. Foi tão complexo nos aceitarmos para nós mesmas. E assim que nos permitimos viver nosso amor, ainda permanecemos sete meses vivendo na clandestinidade, nos escondendo, mentindo e sofrendo. Depois de tanto tempo juntas sem fazer alarde, foi um grande passo, para mim, dividir com os mais próximos tudo o que eu estava sentindo. Mas foi um balde de água fria contar para as minhas melhores amigas. Eu tinha medo do que elas falariam, do que pensariam. Todas tinham uma relação forte com o catolicismo. O constrangimento e a vergonha eram demonstrados em frases desinteressadas e frias como "Ah, eu já sabia". Em raras ocasiões, as respostas mais acolhedoras ainda transmitiam um tom de julgamento: "Se é isso que te faz feliz, eu estou com você."

    A verdade é que a maior parte delas sempre soube e nunca ficou à vontade para me abordar, não se preocupou em saber se era mesmo aquilo que estava acontecendo e se eu precisava de apoio. Elas simplesmente esperaram que eu contasse, ou melhor, que eu confessasse. Um sentimento que, para mim, era a coisa mais bonita e verdadeira do mundo. Queríamos poder gritar para o mundo a felicidade que aquele amor nos proporcionava, queríamos ter tido conversas cheias de euforia e assunto como qualquer garota que conta para as amigas sobre uma nova paixão, mas as pessoas preferiam não saber, como que para não compactuar com aquilo. Nós duas sabíamos que não seria fácil, mas, se estávamos decididas a viver aquela história, não poderíamos nos esconder para sempre. E, de alguma forma, nós não acreditávamos que seria tão difícil. Havia um fio de esperança de que em algum lugar seria mais fácil. Muito em breve constataríamos que era um equívoco.

***

A opinião das meninas da igreja pesou muito para nós, principalmente para Marielle, porque a maior parte das relações afetivas dela era com pessoas da igreja. Naquela época, a vida dela era ir para a PUC-Rio – onde ela, por falta de tempo, tinha pouquíssimo convívio social e não fez muitas amizades com os colegas de universidade – e, em seguida, ir para o CEASM – onde estavam os amigos de trabalho – e depois à igreja – que era a base da formação de sua identidade. Por isso a igreja tinha um protagonismo muito grande na vida de Marielle, principalmente por incentivo da família.

Os momentos em que estávamos com as amigas dela da PUC eram os mais agradáveis para nós, assim, passei a frequentar o lugar com ela. Enquanto ela estava em aula, eu estudava na biblioteca da universidade. O ambiente do campus, na Gávea, fazia nossa relação parecer mais "normal". Diante da dificuldade de aceitação dos nossos amigos mais próximos, que eram da Maré, da igreja e do CEASM, passamos a conviver mais com esses novos círculos de amizade, passamos a frequentar mais lugares fora da favela.

Aos poucos, começamos a conhecer mais pessoas LGBT e espaços que nos acolhiam, onde o nosso amor poderia simplesmente ser. Percebemos que alguns lugares nos traziam bem-estar, e passamos a frequentá-los, como a Boate 1140, na Praça Seca, Zona Oeste da cidade, ou o Cine Ideal, no Centro, aonde íamos toda sexta-feira para dançar e nos divertirmos com outras pessoas LGBT. Era, enfim, possível viver a relação sem se envergonhar dela. Era tão raro quanto lindo viver aquele amor em espaços onde podíamos ser livres, sem o peso do pecado.

CAPÍTULO 5 – *O altar*

Não existe pecado no amor

O PECADO – A CULPA, a igreja – sempre nos rondou.

Quando minha amiga disse que Marielle não poderia ser minha madrinha de Crisma, eu respondi que aquilo não estava em negociação. Decidimos enfrentar os sentimentos de rejeição quanto a isso, mesmo sabendo que levar essa ideia adiante seria mais uma dificuldade para o nosso amor. A decisão de ela ser minha madrinha foi respaldada por uma conexão imediata e inexplicável que aconteceu de forma espontânea quando nos conhecemos, um amor que antecedeu tudo e foi a razão de todos os desdobramentos que vieram depois. E esse amor, considerado profano para alguns, era sagrado para nós. Não estávamos dispostas a abrir mão disso.

Como eu não aceitava que houvesse pecado na nossa relação, eu não via sentido na proibição. Marielle, embora fosse muito cristã, também estava decidida a não desistir dessa decisão. Então, seguimos nosso plano.

Já namorávamos, mas não assumidamente. A nossa relação, definida entre nós, era um namoro convencional. Nós nos amávamos e mantínhamos uma relação de cumplicidade afetiva, sexualmente intensa e com todas as outras coisas que um namoro "normal" teria, exceto pelos detalhes que poderiam ou deveriam ser públicos e notórios para todos. Gestos simples e comuns, como andar de mãos dadas pelas ruas e os almoços em família aos domingos faltavam, e essa falta doía muito.

Chegamos a frequentar juntas as missas, e não foi nada fácil ver a Marielle deixar de comungar por conta dos olhares de acusação na igreja. Comungar é um rito sagrado para quem é católico. Ficava cada vez mais evidente a condenação ao que éramos. Consideravam que Marielle estava em pecado e, portanto, não devia fazer parte de um momento sagrado para eles. Embora eu não me importasse muito, me doía bastante vê-la abdicar daquele momento tão caro para sua fé.

Ela sentia muito por não comungar, tanto que chegou a cumprir uma rotina de se confessar toda semana, e sempre com o cuidado de procurar uma igreja localizada fora da Maré para não correr o risco de ser reconhecida e revelar a um padre próximo o seu tão sagrado pecado. Era muito doloroso ver aquilo, porque havia muito sofrimento naquele ato, mas, de alguma forma, também era uma prova de amor muito simbólica, uma vez que ela, ainda assim, seguia apostando na nossa relação.

A mãe de Marielle, apesar de ser muito católica e frequentadora assídua das missas, não foi à igreja para a cerimônia da minha Crisma. No início da nossa relação, logo quando nos conhecemos, ela havia sido uma grande entusiasta de que eu fizesse Crisma. A sua ausência no dia da cerimônia foi um sinal de que ela já suspeitava do que estava acontecendo entre nós e de que não aceitaria. Nós duas ficamos muito sentidas por ela não ter ido. Eu passava a maior parte da semana na casa dos pais da Marielle, e a ausência deles na cerimônia foi muito dura para nós. Essa tristeza era também um sinal de alerta.

Antes de entrar na igreja, os coordenadores da cerimônia pediram que formássemos uma fila para a entrada, e as madrinhas e os padrinhos formassem filas ao lado de suas afilhadas ou afilhados para entrar. Tínhamos que caminhar da porta até o altar pelo centro da igreja. Entramos de mãos dadas, como deveria ser, e eu disse em tom de ironia: "A gente nem namora direito e já estamos indo direto para o altar." Ela apertou firme a minha mão e disse, por entre os dentes, sorrindo e visivelmente nervosa, que era para eu ficar quieta.

Eu dei risada pelo jeito desconcertado que ela falou aquilo. Olhei para a frente e continuei caminhando, e ela apertou de novo a minha mão e disse me olhando: "Pelo menos, dessa vez, é o que eu realmente quero." Eu a olhei de volta, apertei sua mão gelada e molhada de suor pelo nervosismo e ri discretamente. Seguimos em silêncio, e eu também sentia um frio na barriga. Aquele momento era muito importante para nós duas, estávamos muito felizes, porque sabíamos que depois dali teríamos uma união especial estabelecida, teríamos um certificado da igreja com nossos nomes, e, simbolicamente, para nós, consagramos aquele amor diante de Deus. Ali, naquele segredo íntimo, diante do que havia de mais sagrado, não havia pecado algum. O amor parecia poder tudo.

CAPÍTULO 6 – *O quartinho*

A RELAÇÃO COM A MÃE da Marielle ficava cada dia mais complicada, e, considerando que minha mãe, naquele momento, morava muito longe do curso pré-vestibular do CEASM, nossa solução foi arrumar um espaço onde pudéssemos nos encontrar em segurança. A questão financeira era um impedimento real, mas conseguimos alugar uma quitinete, um quarto muito pequeno, a R$ 160, no morro do Timbau, lá mesmo na Maré, muito perto do CEASM. Um amigo, que era proprietário de vários quartos no mesmo prédio, facilitou o aluguel para nos ajudar.

No nosso quartinho, como chamávamos, só tinha um sofá-cama azul-escuro que Marielle havia comprado e um pequeno armário de duas portas na cor bege, com três gavetas na parte de baixo, que eu comprei e montei. Era um espaço minúsculo. O banheiro era tão pequeno que nele só cabiam a privada e o chuveiro. Para acessar a parte do boxe e tomar banho era preciso passar por cima da privada, pois nem sequer havia espaço entre a privada e a parede. Do lado de fora do banheiro, havia uma janela com vista linda e ampla para uma parte da Maré, mas, apesar disso, era exposta a riscos de receber balas perdidas em tiroteios na favela.

Ao lado da janela, uma bancada de plástico, que imitava granito cinza-escuro, acompanhava uma pequena pia para lavar louças. Era essa pia que eu usava para escovar os dentes e lavar as raras louças que apareciam por lá. Não havia fogão, gás para cozinha ou nada que permitisse fazer algum tipo de refeição. Eu cheguei a levar um pequeno fogareiro que improvisava como fogão, que um amigo que era do Exército havia me dado. Era usado pelos soldados para cozinhar em acampamentos, um potinho pequeno que tinha um gel inflamável que ao ser aceso produzia um pequeno fogo. Eu cozinhava macarrão instantâneo nele de vez em quando.

Não tínhamos condições de comprar uma geladeira, porque era algo muito caro, nem de ter um micro-ondas. Então, a maior parte dos dias eu comia sanduíches comprados numa pequena vendinha perto do CEASM. Mas o quartinho era um espaço onde o nosso amor poderia existir em paz, e isso fazia dele um lugar muito especial para mim. Um lugar onde só Marielle e eu tínhamos a chave.

Antes do quartinho, sempre que queríamos ter privacidade, íamos para algum motel. Sempre que recebíamos o pagamento e estávamos com algum dinheiro, nós alugávamos um quarto para passar a noite, e às vezes o dia também. Só que era caro e, por isso, não era algo frequente, mas muitas vezes era um investimento necessário para termos privacidade, transarmos e ficarmos juntas como um casal apaixonado.

Foi no quartinho, vivendo nossas intimidades de forma livre, que tivemos a nossa primeira grande briga e nos separamos pela primeira vez. Não podíamos dormir juntas todas as noites, Marielle quase sempre era cobrada pela mãe para ir para casa para cuidar da filha, mas, na maioria das vezes, ela dava alguma desculpa para ficar. O aniversário da Marielle estava se aproximando, e ela, como boa leonina que era, amava comemorar essa data. Eu, então, organizei cuidadosamente a celebração para que fosse uma noite especial.

Passei o dia organizando cada detalhe: comprei pétalas de flores e espalhei por todo o quarto, que estava decorado com velas, e comprei um vestido lindo pelo qual ela havia se apaixonado ao vê-lo na vitrine de um shopping. Passou dias falando dele, dizendo que queria muito poder comprar aquele "vestido de princesa". O vestido era de seda na cor marfim, com flores estampadas. Eu o arrumei esticado sobre a cama com flores ao redor. Consegui com uma amiga um balde de gelo emprestado para colocar champanhe. Todo o chão do quartinho estava coberto de pétalas de rosas, e havia pequenas velas acesas por todos os lugares. Eu tinha pensado em tudo nos mínimos detalhes.

Marielle tinha ido a um encontro de amigos da época do colégio, um encontro anual, em que tomavam cerveja, comiam e falavam da vida. Eu estava feliz por ela estar revendo velhas amigas e amigos, porque ela quase não tinha muitas chances de fazer isso. Mas o encontro com os amigos demorou muito mais do que o combinado. Marielle havia combinado de chegar às 20h no quartinho para o nosso jantar, e às 22h ela ainda não tinha dado sinal de vida. Eu estava ansiosa, tensa e, àquela altura, muito irritada com o atraso. O dia tinha sido muito estressante e corrido para conseguir preparar tudo que havia planejado para ela. A irritação logo viraria tristeza.

Cansada de esperar, apaguei as velas e me deitei para dormir. Quando ela chegou, tarde da noite, eu já estava muito frustrada e decepcionadíssima com tudo, me sentindo abandonada e com vergonha por ter feito tudo aquilo para preparar a surpresa. Quando ouvi o barulho dela se aproximando da porta pelo corredor, meu coração disparou.

A porta de ferro e vidro revelava a sua silhueta enquanto ela tentava abrir a porta. Ela entrou e eu estava deitada no sofá-cama já aberto. Fingi que estava dormindo. Ela se deitou ao meu lado e, me fazendo carinho, sussurrou baixinho: "Amor." Eu tentei falar alguma coisa, mas tudo que consegui foi resmungar em voz baixa que não queria conversar naquele momento. Sem olhar para ela, voltei ao meu silêncio e fingi que estava dormindo novamente. Ela pediu desculpas, chorou e disse que eu não merecia aquilo. Totalmente atormentada pela culpa, ela repetia chorando que estava tudo lindo e ela estava envergonhada por ter me decepcionado. Lembro exatamente do tom de voz dela ao dizer: "Eu não sei por que fiz isso." Eu sabia que ela não estava se referindo apenas ao atraso. Repeti mais uma vez que não queria conversar naquele momento e dormimos chorando, as duas.

Na manhã seguinte, a briga foi inevitável. Marielle contou uma história para justificar o atraso e eu tinha certeza de que era mentira. Brigamos muito e o vestido estampado ficou para mim. Não dei nenhum dos presentes que tinha comprado. Enquanto discutia, eu limpava as pétalas espalhadas pelo chão e as jogava no lixo.

No outro dia, depois da briga, sem entrarmos em consenso, ela saiu para trabalhar e eu fui para a biblioteca estudar. Tentamos fazer as pazes ao longo do dia, mas o clima não estava dos melhores. Uns dias depois, terminamos pela primeira vez.

Conversávamos no quartinho, à noite, quando chegou uma mensagem no celular dela. Eu vi em seu rosto que havia algo errado. Eu costumava dizer para ela que "Para quem quer ser canalha, você tem um péssimo defeito, não sabe mentir". Eu sempre percebia quando ela estava mentindo. Quando recebeu a mensagem, ela ficou visivelmente nervosa. Tentou esconder e disfarçar, guardando o celular. Eu li a mensagem: "Vou comer seu chocolate todinho..." Lembrar desse momento até hoje me deixa com um frio na barriga. Ela ficou tão nervosa quando questionei sobre o que era que começou a chorar. Eu já havia entendido, e ela admitiu a traição. Diante da minha raiva, ela pediu calma e tentou explicar que não havia sido nada de mais. Que eles tinham apenas se beijado quando foram juntos para o ponto de ônibus. Eu me vi imersa numa sensação de raiva, ciúme e medo. Era a primeira vez que experimentava aquele sentimento.

Quanto mais ela tentava se explicar, maior era minha raiva e minha dor. Eu disse que estava tudo acabado, que queria terminar. A discussão foi longa e exaustiva emocionalmente. Ela tentava argumentar e se desculpar, mas eu estava irredutível. Até que, por fim, ela concordou que precisávamos terminar porque não tinha dado conta da relação, que era muita pressão, que a situação em casa com a mãe estava insustentável e que seria melhor terminarmos mesmo. Aí eu me desesperei. Nós duas estávamos chorando muito. Ela disse que iria embora, e eu então me ajoelhei aos pés dela pedindo que ficasse. Eu nunca consegui esquecer aquele momento, daquela cena, nem daquela dor. Marielle segurou minhas mãos e disse: "Levanta, amanhã você vai se arrepender disso." E ela estava certa, eu nunca me perdoei por aquilo.

CAPÍTULO 7 – *Traições*

APESAR DO TÉRMINO, A CONVIVÊNCIA DIÁRIA tornou o retorno inevitável. Mas iniciou-se um período de grande desconfiança, traições e melancolia. Passamos a ter muitas brigas, seguidas de reconciliações passionais. Estas últimas envolviam profundas declarações de amor e sexo intenso e muito apaixonado. Até nos momentos bons havia tensão a cada toque de celular ou notificação de mensagem. Marielle estava claramente numa batalha interna que afetava diretamente nossa relação. Com a relação muito instável, resolvemos entregar o quartinho.

Em uma das brigas em que nos separamos, eu disse que estar naquele espaço já não me fazia bem. E sem ter como pagar um aluguel sozinha, voltei a ficar na casa da minha mãe, em Jacarepaguá, ou na casa de amigas pela Maré. Doei o pequeno guarda-roupa bege e o sofá-cama azul para uma amiga.

Marielle se debatia internamente na busca por aceitação social. Nossa relação, então rodeada por mentiras e fantasmas de traição, passou a causar dor e aflição nas duas. Ela começou a me trair com homens buscando o apoio da mãe. Quando estávamos juntas, a relação dentro de casa era insuportavelmente hostil para ela, mas quando nos separávamos, e Marielle aparecia com homens, havia trégua em casa. Muitas vezes, quando estávamos reatadas, ela apresentava homens para a família, para que achassem que ela estava numa nova relação e havia superado aquela "fase" da nossa paixão. Ela mentia para mim, mas sobretudo para ela mesma.

A cada mentira que eu descobria, a nossa relação ficava mais tensa. Cada traição que eu descobria me deixava mais insegura, me fazia ter ciúme e me trazia muitas desconfianças. Marielle, então, insistia que queria ficar comigo, e eu, diante dessas idas e vindas, acabava me questionando se eu ainda queria. Era um ciclo vicioso, ela chorava, se sentindo culpada e arrependida, dizia que não queria me perder. Eu a amava e me permitia viver aquilo, nenhuma das duas tinha forças para romper aquele padrão.

Essa situação causou um desgaste muito grande. Se ela fizesse qualquer coisa sem mim, eu a imaginava com um homem. Isso fez com que os amigos acreditassem que nossa relação era apenas uma fase, que Marielle estava confusa a respeito do momento que vivia. Minhas amigas começaram a se mostrar contrárias à relação, mas dessa vez por acreditarem que Marielle não me fazia bem. Meu sofrimento era notório, e eu perdia as poucas amizades que apoiavam aquele amor.

Os desafios internos que nos atravessavam eram tantos que, por muito tempo, Marielle e eu dizíamos uma à outra que não sentíamos atração por outras mulheres, mas, sim, um desejo específico de uma pela outra, algo que não se manifestava para definir nossa orientação sexual, mas porque ela era para mim a maior motivação de paixão da minha vida e eu a dela. Como se quiséssemos nos convencer de que o destino havia pregado uma peça em nos fazer duas mulheres, mas que nosso desejo dizia respeito ao nosso encontro de almas.

É claro que aquele sentimento se tornou a nossa verdade, a nossa realidade vivida com tanta intensidade, que não havia margem para questionamentos. Não queríamos admitir que pudéssemos ser bissexuais ou lésbicas. Achávamos que essa ideia era profana demais para um sentimento tão nobre. Não era algo consciente. Para nós, o que vivíamos era algo muito singular e especial. Nosso amor era mágico e único no mundo.

Mesmo diante das maiores inseguranças que vivi ao lado dela, jamais questionei o tamanho daquele sentimento. Sabia que ela nunca se colocaria em uma situação tão destrutiva com as pessoas que mais amava na vida, se não fosse tão profundo o que sentíamos. Mas também é verdade que tudo isso estava relacionado a estarmos atravessando um momento inicial de negação da nossa própria identidade. No fundo, o que nos colocava à prova era descobrir de fato quem éramos, nos sentirmos vivas, era descobrir uma coisa imensa e deliciosa sobre nós mesmas. E quando isso se revela, é impossível deixar de ver.

CAPÍTULO 8 – *A família*

A FAMÍLIA ERA DE FATO a maior e mais difícil das batalhas. A maioria de nós aprende logo nos primeiros anos de vida que a família é o lugar de segurança e afeto no mundo, que é nesse lugar que está o amor incondicional e que nada poderá ser maior do que é instituído ali. Você e seus irmãos precisam ser amigos eternos e para todas as horas. Seus pais têm por você o maior amor do mundo e eles vão sempre te amar e te proteger independentemente de qualquer coisa. Tudo o que eles fazem é por quererem o seu bem. Mas para quem é LGBTQIA+ não é bem assim. Ao descobrirmos nossa orientação sexual – e digo *descobrirmos* porque foi para mim uma descoberta íntima e desafiadora –, a família é, na esmagadora maioria das vezes, sinônimo de inadequação e violência. Para nós, LGBTQIA+, o primeiro lugar de medo, em geral, é justamente dentro de casa. O medo de perder o amor daqueles que compõem a construção da nossa identidade, que estiveram presentes na maior parte da nossa história de vida, é algo apavorante. Admitir que temos que seguir regras sociais e morais para continuarmos sendo amados é uma sensação muito cruel e uma realidade terrível. Passar por isso é um ritual de culpa, de abandono e de se questionar inúmeras vezes por que ser quem você é pode ser tão decepcionante para quem você ama. É muitas vezes se questionar se está sendo ingrato, se não confundiu tudo e se não está trocando algo eterno e permanente como a família por algo que talvez seja passageiro ou de que você pode abdicar. Só que esse algo, na verdade, é alguém. É você mesmo.

Minha convivência na casa dos pais da Marielle era cada vez mais difícil, eu já não era mais bem-vinda ali. Mas como era inevitável, um dia nossas famílias tiveram a confirmação do que já desconfiavam havia muito tempo. E, como temíamos, a resposta foi muito violenta.

Eu tive que parar de frequentar a casa dos pais da Marielle, porque, mesmo sem confirmação, a relação velada já estava condenada. Quando ela decidiu contar abertamente sobre nós, foi agressivamente repreendida. Ela estava sob pressão constante em casa quando resolveu assumir.

Eu estava em pé, perto da porta traseira do ônibus 355, a caminho de Madureira, quando recebi sua ligação. Ela chorava, transtornada, e sussurrava, como se estivesse escondida para falar com privacidade, e dizia que a conversa sobre nós tinha sido muito difícil. A briga com a mãe e a irmã foi horrível e poucas vezes a escutei tão arrasada. Lembro que meu corpo inteiro começou a tremer de nervoso e medo por ela. Ouvi sua voz temerosa, aos prantos, sem conseguir articular o que fazer. No dia seguinte, ao encontrá-la, vi seu estado. Seu semblante e seu ânimo estavam péssimos e no seu olhar havia uma tristeza profunda que eu nunca tinha visto.

É triste constatar que uma atitude desse tipo é o que se espera. Ninguém ali estava preparado para acolher uma mulher que amava outra mulher. Em uma sociedade conservadora, machista e patriarcal, infelizmente, pouquíssimas famílias estão preparadas. Muitas vezes, na verdade, as famílias já sabem, e pressionam como forma de "identificar" o que está acontecendo para tentar fazer com que a gente retroceda, mude de ideia. O que muitas vezes parece pressão para que a gente se assuma logo é, na verdade, um terror psicológico para não demonstrarmos quem somos de fato. Eles não querem saber, a maioria preferia ser enganada a vida toda.

Quando nos encontramos na portaria do CEASM, fomos até a sala da coordenação da secretaria, que ficava bem de frente para a rua e de onde se via a subida do morro do Timbau. Marielle se sentou em uma cadeira e eu me sentei na frente dela, me encaixando entre suas pernas, para ficar mais perto de seu corpo. Choramos juntas por horas nesse dia, sem saber o que fazer.

Depois desse momento de dor e agressividade, a instabilidade da nossa relação se acentuou. Marielle dizia que não era capaz de suportar a situação de hostilidade e violência que havia virado sua rotina dentro de casa. Nós queríamos muito ficar juntas, mas a pressão externa, de todos os lados, era insuportável. Terminávamos a nossa relação em atos desesperados, acreditando que seria mais fácil seguir longe uma da outra. Nunca funcionou.

Já a minha mãe descobriu muito tempo depois, em um Dia dos Namorados. Marielle e eu não estávamos muito bem na relação e ela, para me agradar, porque estava se sentindo culpada pela última briga, resolveu me levar flores na sala de aula, na PUC. Eu cursava Psicologia nessa época. Por timidez, eu odiava esse tipo de exposição pública. Ela entrou na sala com as flores e o professor me chamou na porta. Eu fiquei tão envergonhada que o que era para ser uma reconciliação virou mais uma briga. Mas eu levei as flores para a casa onde morava com a minha mãe e as deixei em cima da mesa da sala. Fui para o quarto que dividia com meu irmão mais velho, onde também ficava meu computador para trabalhar. Precisava terminar um texto da faculdade que era para o dia seguinte. Quando chegou do trabalho, minha mãe perguntou que flores eram aquelas. Eu já estava exausta de mentiras, exausta porque a relação com a mulher que eu amava não ia para a frente porque tínhamos que viver atrás de uma cortina de fumaça. De forma bastante ríspida, eu respondi:

"Adivinha que flores são essas, mãe!", disse de um jeito irônico e grosseiro.

"Do Dia dos Namorados."

"Acertou, mãe."

"Quem te deu?", ela perguntou já com um tom de voz mais sério.

"Adivinha!", respondi em tom sério, sem tirar os olhos do computador.

"Marielle!"

"Tá acertando todas hoje, hein, mãe?!", respondi de maneira sarcástica, tentando esconder o temor que sentia por finalmente fazer aquela revelação.

Minha mãe imediatamente demonstrou muita raiva. Ela andava pela casa de um lado para o outro no longo corredor estreito que ligava a sala, o quarto dela e o quarto onde eu estava. Enquanto ela me ofendia, esbravejando palavras de baixo calão, eu não tirava os olhos da tela do computador, fingindo não me importar com toda a violência que ouvia. Em tom firme, alto e assustador para mim, minha mãe falava que aquilo era uma vergonha, que não tinha me criado para isso. E eu, que àquela altura estava com medo e envergonhada, resolvi continuar fingindo ignorar e não ouvir o que ela dizia. Não tirei os olhos do computador, até que ela veio na minha direção e, sem entrar no quarto, parou na porta dizendo:

"Então você está me dizendo que gosta de chupar boceta?!"

"Se é nesses termos que você quer colocar...", balancei os ombros.

Minha mãe odiava quando eu sacudia os ombros como resposta para ela, e eu sabia disso, mas, embora estivesse com muito medo naquele momento, eu enxergava naquela discussão a oportunidade de falar a verdade e me libertar, independentemente das consequências. Ela ouviu o que eu falei e entrou em seu quarto ainda resmungando ofensas. Mas eu já não ouvia mais. O medo pulsava no meu corpo e fiquei paralisada. Minha mãe esbravejava as palavras que eu já não conseguia compreender, porque também estava anestesiada pela ideia de LIBERDADE.

Depois disso, minha mãe e eu ficamos quase um ano sem nos falar, mesmo morando na mesma casa. No início, eu falava com ela, poucas coisas, porque eu também evitava contato, mas ela não me respondia, a não ser que fosse muito essencial. Em geral, não passava de acenos de cabeça. Até que um dia eu desisti de tentar.

Ficamos em casa como duas fantasmas, passando uma pela outra sem sequer nos olharmos. Aquele silêncio me dilacerava por dentro. Eu rezava antes de dormir pedindo a Deus que minha mãe me perdoasse, mas também agradecia por finalmente estar um pouco mais em paz comigo mesma. Meses depois, eu estava sentada no sofá quando ela chegou da rua com um suporte de incenso em formato de bruxinha. Era uma bonequinha pequena feita de *biscuit*, em cima de uma vassoura de palha e sobre uma pedra de cristal roxo. Minha mãe se sentou no braço do sofá, estendeu o porta-incenso para mim e disse: "Lembrei de você." Eu olhei para ela, peguei e agradeci sem dizer mais nada. Eu amava incenso, cristais e objetos místicos. Entendi aquele gesto como uma oferta de paz. Não tocamos no assunto. Voltamos a nos falar como se nada tivesse acontecido.

Tempos depois, minha mãe aceitaria minha orientação sexual, quando eu estava com outra namorada, que teve um papel muito importante na minha vida e mudou completamente o meu conceito de família e afeto, mas meu irmão mais velho nunca aceitou. Ele foi a primeira pessoa da família a saber da verdade, ainda que não oficialmente. Eu saía com ele para nos divertirmos, ele conhecia as minhas amigas e até algumas "ficantes" dessa época. Embora não fosse nada oficial, a minha sexualidade não era aberta e não conversávamos a respeito disso nunca. Foram várias as vezes em que saímos para festas e eu levava garotas com quem me relacionava, mas eu não beijava ninguém na frente dele. A primeira confirmação só foi acontecer anos antes, em um carnaval, no meio da folia pelo bairro de Copacabana, entre cervejas e muita alegria de um dia ensolarado à beira-mar.

Era de tarde e já tínhamos ido a vários blocos, e meu irmão, que estava um pouco bêbado, dava em cima de uma amiga e, como ela evitava, ele perguntou: "Você joga no mesmo time da minha irmã, né?!" Ela, que não sabia que eu não falava a respeito disso com a minha família, e como na universidade eu vivia minha sexualidade abertamente, respondeu: "Claro que não. Sua irmã fica com uma amigona minha."

Meu irmão retrucou, sério: "Tá, só não comenta nada disso com os meus amigos." Ela estranhou o comportamento dele e me perguntou depois se ele não sabia. Senti um frio na espinha e falei que não! E ela, visivelmente constrangida, me disse que tinha acabado de revelar para ele sem querer. Meu coração gelou na hora.

Esperei alguma reação dele naquele dia, mas nada aconteceu. Era carnaval, dia de Monobloco na praia de Copacabana. Depois disso, meu irmão e eu dançamos no meio da euforia do bloco e nada falamos sobre o assunto. No final do dia, fomos juntos para casa, eu estava ansiosa esperando que, ao ficarmos sozinhos, ele falasse alguma coisa sobre isso. Mas só três anos depois esse assunto ressurgiu. E, como eu tinha imaginado que seria, foi horrível. Foi o episódio de intolerância mais violento que vivi.

Na época, eu já tinha deixado a Psicologia e cursava Arquitetura na faculdade, mas minhas primeiras amigas na PUC-Rio estavam se formando em Psicologia, e naquela noite, um domingo, seria a festa de formatura delas. O que eu não sabia é que naquela mesma noite eu romperia permanentemente a relação com meu irmão. Ou, na verdade, ele romperia a relação comigo. Enquanto eu me arrumava, ele orquestrou uma reunião na casa onde eu morava com minha mãe. Na realidade, uma emboscada. Minha mãe já havia tido a confirmação de que eu estava namorando uma mulher, que ela inclusive adorava e que frequentava nossa casa e recebia respeito e carinho, mas isso não era um assunto aberto a ser conversado na mesa de almoço.

Até ali, eu vivia a minha vida amorosa com discrição para a família. Mas depois que minha mãe passou a aceitar e a conviver em paz com isso, eu não vi razão para seguir escondendo do restante da família algo que deveria dizer respeito somente a mim. Então, na minha busca por liberdade, resolvi que contaria abertamente para a família que eu gostava de me relacionar com mulheres. Eu ainda não tinha certeza da minha orientação sexual, não me afirmava mulher lésbica, mas admitia que era uma mulher que amava outras mulheres e isso não deveria ser motivo de vergonha, portanto eu não tinha do que me esconder.

Meu pai morava em outro estado, longe do Rio de Janeiro, mas era quem custeava a minha vida para que eu tivesse a oportunidade de me dedicar aos estudos sem precisar conciliar com um trabalho fixo. No início da minha adolescência, ele precisou se mudar para continuar empregado e provendo a maior parte do sustento da família. Nossa relação se mantinha por telefone, e-mails e mensagens. Eu sempre contava ao meu pai que estava indo bem na faculdade. Eu era uma excelente aluna e motivo de orgulho para ele.

Meu irmão mais velho lutou durante anos para se formar na universidade. Como ele trabalhava e estudava, isso o impossibilitou de concluir o curso antes, e a festa de sua formatura seria no final de semana seguinte. Meu pai estava vindo para a formatura de seu filho mais velho. E como era muito raro ele conseguir vir ao Rio de Janeiro, resolvi aproveitar a oportunidade para contar que eu gostava de namorar mulheres.

Para isso, antes conversei com meu irmão do meio, pai dos meus sobrinhos, com o qual eu tive uma relação de amizade e companheirismo desde criança, mas principalmente na adolescência. Wagner é sete anos mais velho que eu e é um pisciano de coração generoso, por isso acreditei que contar para ele primeiro seria mais fácil, e aparentemente foi. Quando contei que estava namorando uma menina, ele não pareceu muito surpreso, mas disse que mesmo não sendo o que ele sonhava para mim, que se era aquilo que me fazia feliz, então, ele apoiava. Nesse dia, ele foi dormir chorando, segundo a minha cunhada.

Após a conversa com o Wagner, eu mandei um e-mail para o meu irmão mais velho, porque ele não estava no Rio, mas chegaria nos próximos dias, e disse para ele me procurar para conversar quando chegasse. Meu irmão previu que a conversa trataria do assunto por anos trancado no armário. Ele achava que não era possível eu estar assumindo minha sexualidade e isso não estar sendo repreendido pela família, e orquestrou a emboscada. Ele estava determinado a não facilitar as coisas para mim.

Foram horas de uma discussão que ficaria para sempre gravada na minha memória, uma briga que se tornou o marco da primeira grande violência lesbofóbica que sofri. Meu irmão, entre ameaças de me agredir fisicamente e agressões psicológicas de fato, dizia que eu tinha que "escolher entre a família ou 'isso'". Só que o "isso" a que ele se referia fazendo cara de nojo era quem eu realmente era. Foi muito difícil. Meu irmão mais velho sempre tinha sido uma grande referência para mim, ele era o principal entusiasta dos meus estudos, em especial, era entusiasta da ideia de que eu deveria ser arquiteta. Ele havia me ensinado muito sobre muitas coisas.

O amor e a admiração que eu tinha por ele referenciavam minha vida e minha formação humana, meu irmão mais velho era o meu grande herói. Naquela noite de violência e tristeza, a última frase que ele me disse foi que preferia que eu estivesse morta. Foi quando eu, olhando nos olhos dele, pedi para ele repetir o que tinha dito porque me recusava a acreditar, e ele repetiu, pausadamente, olhando no fundo dos meus olhos: "Eu preferia que você estivesse MOR-TA!"

Desde aquele dia, há mais de uma década, não nos falamos mais.

De toda aquela situação absurda e dolorosa, o mais difícil de lidar foi o fato de que meu irmão não parou de falar comigo quando soube que eu gostava de mulheres. Ele não só já sabia, como também tinha convivido com algumas mulheres com quem me relacionei, inclusive a Marielle. O problema para ele era eu estar confortável em assumir isso para as pessoas e para a sociedade. Era inadmissível, vergonhoso demais – na opinião dele –, eu assumir que me relacionava com mulheres. Foi um dos piores momentos da minha vida, mas a dor maior naquela briga era ver que o preconceito dele era muito maior do que todo o amor que ele sentia por mim.

Durante a briga, ele perguntou "Cadê a Marielle agora?", porque acreditava que minha orientação sexual era influenciada por ela, como se ela fosse a culpada por eu ter "virado sapatão", nas palavras dele. Nessa época, Marielle e eu estávamos separadas e tentávamos manter o mínimo contato possível, para investirmos nas nossas relações correntes. Eu estava em um namoro lindo e saudável que era aceito e respeitado pela família da minha namorada à época. Pela primeira vez uma relação me oferecia estabilidade emocional, liberdade para ser quem eu era e sentir orgulho disso. Foi esse sentimento e o que esse relacionamento me oferecia que me proporcionou a segurança para assumir para a minha família. Eu estava construindo o meu caminho de liberdade e sabia que seria um caminho sem volta.

capítulo 9 – *Liberdade é um caminho sem volta*

em 2007, passei no vestibular e comecei a cursar Psicologia na PUC-Rio. Como já deixei evidente aqui, estudar na PUC foi uma experiência incrível e me trouxe muitos laços de amizade e afeto. Foi uma vitória muito importante para mim, e seria também o início de uma nova fase na minha vida.

No dia de fazer a matrícula, Marielle foi comigo. Eu me lembro de nós duas sentadas nas cadeiras de plástico branco embaixo dos pilotis do edifício Cardeal Leme, da universidade. Eu já estava familiarizada com o campus por ter estado muitas vezes por lá com ela, mas aquele dia era especial. A manhã havia começado com um sol lindo e um vento fresco que fazia os bambus do bosque balançarem assoviando. Nem os dois ônibus lotados para chegar puderam estragar a alegria. Eu estava ansiosa e animada, Marielle estava visivelmente muito feliz por mim. Aliás, ficar feliz com o sucesso dos outros era uma das características que eu mais amava nela. Ela sorria para mim como se aquele momento fosse dela, e era. Quando voltei com os papéis da matrícula feita, ela me deu um presente comprado na lojinha da universidade, e um cartão que guardei dentro dos cadernos que me acompanharam por todos os anos até a formatura.

Eu era grata a Marielle por aquele momento. Ela havia sido uma das principais razões de eu ter feito a prova para estudar no CEASM, a principal incentivadora. E, por ter estudado em um pré-vestibular comunitário, recebi a bolsa de estudos integral. A PUC-Rio é uma das faculdades mais caras do país, eu jamais teria conseguido estudar lá se tivesse que pagar. Marielle sempre foi uma entusiasta da minha carreira acadêmica, ela me achava muito inteligente e confiava muito no meu potencial, por vezes acreditava muito mais do que eu mesma, o que me dava ânimo para seguir. Foi assim também anos depois, quando entrei no mestrado.

Eu finalmente era estudante universitária. Estava com 21 anos e tudo era novidade. Na PUC, apesar de ser uma universidade católica, casais de mulheres lésbicas e homens gays demonstrando afeto em público era comum, não havia nada de anormal em duas pessoas do mesmo sexo se beijando naquele espaço. O mundo começava a se apresentar de uma forma diferente para mim. O que me compunha até ali era a minha vivência como mulher favelada, e, ironicamente, foi só na universidade que eu aprendi a reivindicar meu lugar de favelada com orgulho, e isso foi uma experiência desafiadora que influenciaria toda a minha atuação durante a vida acadêmica.

Entre 2008 e 2009, enfim, Marielle e eu nos separamos. Não conseguíamos ficar um mês inteiro sem nos falarmos de alguma forma, mas começamos a ensaiar um afastamento. Senti que eu precisava de uma virada de chave, dessas que só acontecem de vez em quando na vida. Um movimento crucial para mim nessa época foi a mudança de curso na faculdade. Deixei a Psicologia e fui para Arquitetura e Urbanismo, curso que na verdade eu queria inicialmente, muito por influência do meu irmão mais velho. Isso mudaria muita coisa na minha vida.

Marielle estava num momento importante da carreira dela, atuando como coordenadora na Comissão de Direitos Humanos na Assembleia Legislativa do Rio de Janeiro (Alerj). Ela era assessora do Marcelo Freixo, que exercia seu primeiro mandato como deputado estadual e, naquela época, estava em ascensão na política.

Para ingressar em Arquitetura, precisei fazer um processo de seleção. Fiquei tão feliz quando passei que escrevi um e-mail em agradecimento às pessoas que haviam me inspirado e ajudado a chegar até ali. Uma das pessoas para quem eu enviei essa mensagem foi Marielle, com quem eu não falava havia um tempo.

Foi no curso de Arquitetura que eu tomei consciência de que as precariedades vividas em uma favela são um projeto de cidade. Percebi que as desigualdades não eram causadas pela condição de vida das pessoas que lá moravam, mas, sim, que eram propositais e incentivadas por um modelo que dividia quem podia ter acesso a qualidade de vida e quem não podia. Assim, por mais que o meu maior desejo como favelada fosse sair daquele ambiente que reproduz tanta opressão e machismo e onde eu não podia viver livremente minha sexualidade, passei a defender a favela enquanto lugar planejado para sofrer violações e violências e, portanto, para também reproduzi-las. Passei a falar da favela com meus amigos da PUC-Rio com orgulho e não mais com vergonha.

As diferenças em um ambiente tão elitizado eram gritantes e eu vivia a contradição de me sentir melhor e mais bem aceita como uma mulher branca e lésbica na Gávea e, ao mesmo tempo, sentir a desigualdade material que tudo aquilo proporcionava para pessoas que, como eu, nasceram e cresceram numa favela. Era um pouco como viver uma fantasia. Eu me lembro das inúmeras entrevistas de emprego em que disse que morava em Bonsucesso para não ser malvista pelo contratante. Todas as experiências de amadurecimento foram cruciais nesse período. Finalmente eu sentia que buscava opiniões próprias e sonhos que seriam só meus.

Decidida pelo afastamento definitivo e solteira na pista, eu me permiti viver novidades que a vida na PUC me proporcionava: novas festas, novas amizades, novas experiências e novas perspectivas. Eu era uma mulher jovem vivendo o que nunca havia imaginado no meu cotidiano na favela da Maré, onde toda a minha referência de afeto e cidadania estava localizada. Nessa época, ainda afogada pelas idas e vindas com Marielle, mas tentando ao máximo me afastar de como me sentia, comecei a beber muito e a virar noites em festas.

Eu estava me permitindo novas experiências, novos encontros, estava decidida a ser uma nova Monica. E deu certo, por algum tempo.

CAPÍTULO 10 – *O marido*

ANTES DA NOSSA MAIOR SEPARAÇÃO, ainda no início da graduação em Arquitetura, nós ensaiamos uma última tentativa de reatarmos. Certa vez, eu estava saindo da faculdade, tarde da noite, quando liguei para Marielle e o Eduardo atendeu. No primeiro momento, eu estranhei muito, mas tentei naturalizar porque ele e a Marielle trabalhavam juntos. Ele era o chefe de gabinete do Marcelo Freixo.

A ligação, que era apenas para dar um oi para a minha namorada e saber como ela estava, se tornou um divisor de águas na nossa relação. Educadamente cumprimentei o homem do outro lado da linha e pedi que passasse o telefone para Marielle, ao que ele respondeu: "Pode deixar que vou cuidar muito bem dela." Aquilo me soou muito mal, meu estômago gelou. Ele então passou o celular para ela, que disse que estava jantando com ele e outras pessoas do trabalho. Desliguei sem fazer muitas perguntas.

No dia seguinte, a voz dele e aquela frase ecoavam na minha cabeça. Às 7h da manhã, a caminho da aula, liguei para

Marielle e não consegui falar com ela. Quando enfim ela atendeu ao telefone, eu logo perguntei onde ela estava. A voz dela denunciou o que eu não queria ouvir. Havia uma culpa evidente no tom dela dizendo: "Estou na casa do Pedro e do Edu. Dormi aqui." Depois dessa resposta, eu desliguei o telefone. Imediatamente imaginei a cena inteira dos dois passando a noite juntos.

Marielle ligou muitas vezes depois. Não atendi, não queria falar. Aquilo me magoou muito e eu não sabia como lidar. Ficava olhando o celular vibrar nas minhas mãos enquanto o número dela aparecia na tela. Não atendi a nenhuma ligação.

No final daquela manhã, Marielle apareceu na porta da sala em que eu estava tendo aula. Ela estava com flores na mão e pediu ao professor para me chamar. Fiquei com muita vergonha e brigamos no corredor enquanto meus amigos observavam de longe. Mas a verdade é que, desde que eu havia desligado o telefone, eu queria que ela me procurasse para se desculpar. Fizemos as pazes, ensaiamos ficar bem, ainda que eu estivesse muito magoada. Seguimos fingindo que estávamos bem, mas eu não conseguia mais digerir aquela história.

Passado algum tempo, descobri que ela estava tendo um caso com o colega de trabalho. Mas, na verdade, o caso era eu. Marielle, para muitas pessoas – em especial para o seu meio profissional, para a família e para as amigas da igreja –, estava namorando o chefe de gabinete do Freixo. Muita gente já pensava que eu era ex, ou apenas o segredo de um passado mal resolvido e nada mais. Nós terminamos – de novo!, mas, naquele momento, não fazia mais sentido para mim aquela relação marginalizada.

Mesmo com a decisão de vivermos separadas definitivamente, nos momentos de saudade era comum trocarmos mensagens. Marielle me ligava e insistia para nos encontrarmos, e eu cedia. Mas os momentos em que nos separávamos eram sempre muito sofridos, e então eu pedia que ela não me procurasse mais.

Um dia, ela foi me encontrar na PUC. Já era um momento em que eu estava mesmo vivendo outra fase, me permitindo novas relações e experiências. Estava em novos ciclos de amizade, conciliava as noites de estudo com muitas noites de farra. Eu me entreguei à vida universitária e só queria saber de diversão. Estava trabalhando como monitora no laboratório em que os alunos de Arquitetura e Design faziam as maquetes e Marielle apareceu com flores do lado de fora da janela da sala. Os alunos riram e começaram a fazer piadas comigo. Sem sucesso, eu cheguei a pedir que ela fosse embora. Saí da sala e caminhamos pelo bosque, como é conhecida a área de jardim da universidade.

Nos sentamos em um banco de concreto à beira do rio que corta todo o campus universitário. Marielle me contou, então, que estava vivendo com Eduardo. Sem muita paciência, eu tentei fazer pouco caso do que ouvia e perguntei: "E daí? O que eu tenho a ver com isso?" Ela seguiu falando e desabafou sobre seus problemas, dizendo o quanto tudo estava difícil, o quanto precisava sair da casa da mãe, o quanto era custosa a criação de sua filha. Não havia nenhuma novidade no que eu estava ouvindo. Foi quando a interrompi e perguntei: "Tá bom, Marielle, mas o que você espera que eu faça? O que você quer de mim?" Aquela conversa era difícil para mim porque, mais uma vez, estávamos diante de uma situação cujo único desfecho racional possível era concluir que o afastamento era a melhor decisão.

Ela chorou e pediu minha compreensão. Em contrapartida, eu não podia mais me permitir ser tão descartável, sempre em segundo plano na vida dela. Eu não duvidava do quanto a amava, nem do quanto ela me amava, mas também já não tinha dúvidas de que aquele amor não me fazia bem. Sem conseguir dizer muita coisa, respondi pedindo que ela me deixasse em paz e não me envolvesse mais em confusões. Mas ela insistiu em prosseguir falando, e disse que as coisas para ela no trabalho em breve melhorariam, que a filha cresceria e que um dia ela conseguiria ficar comigo como queríamos, me abraçou, disse no meu ouvido que me amava e pediu que eu a esperasse.

Eu me senti muito desconfortável naquele abraço, me levantei abruptamente e caminhei em direção à saída do campus. Para mim, aquela conversa já tinha ido longe demais. Marielle veio andando atrás de mim e quando chegamos no portão da PUC, ela segurou as minhas mãos e me pediu de novo para esperar por ela. Eu ri alto, a ponto de fazer os taxistas parados ali perto olharem para nós. Eu estava irritada, me sentindo idiota. Com raiva, perguntei, de forma ríspida e em alto e bom som, se ela estava de sacanagem com a minha cara.

"Marielle, somos duas mulheres adultas, a gente é responsável pelas escolhas que faz. Você está fazendo a sua e eu vou seguir em frente com a escolha que você está me deixando como opção. Eu vou seguir, Marielle. Eu já te prometi o meu amor e não foi o suficiente. Eu não posso prometer mais nada para você, a não ser que eu vou seguir minha vida."

Ficamos, então, meses sem nos falar.

***

Eu comecei a frequentar festas por toda a cidade. Saía frequentemente com amigas da universidade, e comecei a me relacionar com uma mulher que uma amiga havia apresentado. Marielle era, naquele momento, minha ex-namorada. Uma pessoa muito especial que, só com o que tínhamos vivido até ali, já teria marcado minha vida para sempre.

Alguns meses depois de nossa conversa no bosque da PUC, ela quebrou o gelo. Me ligou no meio da tarde e nos encontramos para conversar. Ela me avisou que estava de casamento marcado, e que seria em breve.

Dias depois dessa revelação, eu terminei o meu namoro. Aquela aventura amorosa não durou muito. Durante a briga que sacramentaria minha separação, percebi que estava terminando no exato dia em que Marielle estava se casando. Na madrugada anterior, eu estava voltando de uma festa para casa, bêbada, quando uma mensagem da Marielle chegou no meu celular dizendo apenas: "Ninguém te ama, amou, nem nunca vai amar como eu. S.A.D.M.V." Quando li a mensagem, pedi para o motorista parar a kombi em que eu estava. Desci na Lapa e entrei num bar perto dos Arcos. Chovia naquela noite. Eu bebi até o sol se levantar e anunciar aquele domingo.

Eu estava decidida a arrancar a Marielle do meu coração. Mas todas as noites, todas, sem exceção, eu fazia minhas orações a Deus e pedia: "Senhor, cuida dela, abençoa ela e a família dela com saúde e felicidade, mas não me deixe mais pensar em amá-la. Tira ela do meu coração, eu te imploro." Repeti essa frase como um mantra todas as noites em minhas orações antes de dormir. Mas ao pedir para esquecer, eu me lembrava. E, lembrando, eu nunca deixei de amar.

capítulo 11 – *A amante*

APÓS QUASE UM ANO SEM CONTATO, nos reencontramos no Buraco do Lume, no Centro da cidade, lugar que, hoje, abriga uma estátua dela, no meio da praça. Ali, o PSOL, partido que Marielle ajudou a construir, apresentava suas prestações de contas publicamente. Como estudante de Arquitetura, eu estagiava no Ministério Público do Rio de Janeiro, cujo prédio ficava exatamente na frente da praça. Marielle e eu nos encontramos casualmente, como era comum acontecer, por encargo do destino, sempre que estávamos tentando ficar separadas.

Quando a vi de longe, fui até o meio da praça para cumprimentá-la. Meu coração sempre gelava quando esses encontros inesperados aconteciam, e eu amava aquela sensação. Me aproximei dela enquanto ela entregava os panfletos da prestação de contas do mandato do Marcelo Freixo. Ela ainda estava de costas quando, me aproximando do ouvido dela, eu disse: "Quer enganar quem que tá trabalhando?!"

Quando ela se virou para me olhar, eu estava com uma água de coco na mão, sorrindo para ela. O olhar desconcertante e o sorriso nervoso ao me ver também eram coisas que faziam meu coração gelar de alegria. Ela nunca conseguia disfarçar o quanto ficava feliz ao me ver, e eu amava isso nela. Começamos a papear ali em pé. Ela me pediu para esperá-la terminar o trabalho para conversarmos com calma. Eu me sentei na praça, tirei da mochila uns textos que precisava estudar. Marielle seguiu entregando os folhetos, até que a atividade na praça acabou e todos os colegas foram embora.

Ela, então, veio se sentar ao meu lado para conversarmos. Ficamos uma de frente para a outra, no último degrau da arquibancada que forma o anfiteatro da praça. Nossas pernas estavam encaixadas, o que nos deixava mais próximas. Entre abraços, carinhos nos braços e nas pernas, conversamos e falamos da vida. Marielle tinha uma reunião dali a duas horas. Ela cancelou.

Naquele dia, combinamos de nos encontrar em um motel na hora do almoço na sexta-feira seguinte. Falamos sobre termos assuntos inacabados, já que nossas conversas de término nunca tinham de fato um ponto final expressivo. Dissemos uma para a outra, em tom de brincadeira, que precisávamos transar depois daquele tempo sem nos ver para pôr um fim, de uma vez por todas, naquela sensação de coisa mal-acabada.

Quando nos despedimos, no meio da praça, falei bobagens sobre querer muito o encontro no motel com ela. Marielle segurou minha mão e disse para eu ter cuidado, porque ela não estava bem resolvida com essa coisa de sexo naquele momento, e perigava, segundo as palavras dela, se apaixonar novamente por mim. Eu ri, e ainda segurando as mãos dela, disse:

"Marielle, para se apaixonar *novamente* você precisaria ter deixado de estar apaixonada por mim em algum momento. E você é apaixonada até hoje. Tamo em casa!"

Dei uma boa gargalhada, de maneira debochada, tentando intimidá-la. Funcionou. Ela ficou parada me olhando sem falar nada, sorriu e, finalmente, devolveu:

"Você tem razão. Pena que não vale nada."

Eu ri e brinquei dizendo que tinha aprendido a não valer nada com ela. Disse que tive uma boa professora.

Então, me aproximei devagar, meu rosto quase tocou o dela. Ela estava com a respiração ofegante. Estávamos em público, no meio da praça que ela frequentava sempre. Cheguei perto de sua boca e ela não recuou. Beijei seus lábios de maneira lenta e suave, nos olhamos profundamente e seguimos para lados opostos.

Marielle não era só uma referência de amor não resolvido na minha vida, ela havia se tornado uma amiga, confidente, inspiração. Nossa parceria estava além de nossas transas incríveis, mas o sexo era a ponte que nos unia nas recaídas constantes da relação. Mesmo que estivéssemos em outros relacionamentos. Por muito tempo nossa relação foi muito passional. Ver Marielle, mesmo depois de meses sem nos falar, mesmo quando minha vida andava bem, era como reencontrar uma parte do meu corpo que só se expressava na sua presença. Uma quentura, uma paixão, uma verdade. Até hoje, a saudade que tenho dela é insuportavelmente física.

Foi uma longa semana de expectativa e espera. Eu contava as horas para a sexta-feira chegar logo. Quando o dia tão esperado chegou, eu estava no local combinado e ela não apareceu. Esperei por meia hora e nada, decidi mandar mensagem, mas ela não respondeu, mandei outra mensagem para o celular pessoal, e, aparentemente, estava desligado. Entrei em um café e esperei por alguns minutos, até tomar a decisão de mandar uma mensagem para a filha dela pedindo o número de outro telefone que ela usava para trabalho. Com o número em mãos, mandei uma mensagem sem grandes esperanças de ter uma resposta, já que havia se passado quase uma hora e ela não tinha aparecido. Para minha surpresa, ela respondeu imediatamente. Disse que não estava acreditando naquilo tudo, mas que se eu estava dizendo que estava lá, ela iria. Quinze minutos depois eu fui encontrá-la na porta do carro estacionado na garagem do terminal Menezes Côrtes.

Entramos no carro, ela pediu desculpas e disse que estava com medo. Achou que desde o início era brincadeira minha para, segundo ela, iludi-la de que eu ainda a amava. Eu a beijei e logo disse: "Vamos. Não temos muito tempo." Marielle ligou o carro e dirigiu até um motel na Zona Sul. Era um motel que nós, quando namorávamos, tínhamos muita vontade de ir, porém não tínhamos dinheiro.

Chegamos no motel no meio da tarde e tínhamos apenas umas quatro horas para ficarmos juntas. Estávamos tensas como se fosse a primeira vez. Meses sem nos vermos e os nossos corpos haviam mudado. Nosso toque, ao explorar o corpo uma da outra, havia mudado e encontrado novas formas de se conectar. Deixamos aquele quarto com mais dúvidas, com mais saudade do que quando entramos.

Marielle me deu carona até a Tijuca, onde eu fui encontrar umas amigas. No carro, ensaiando a sempre difícil despedida, o telefone dela tocou. Seu marido a estava esperando chegar a um evento para o qual ela já estava atrasada havia horas. Quando ela atendeu ao telefone dizendo que já estava indo, eu me senti descartável de novo. Bebi a noite toda com amigas, desabafando aquela dor, aquela saudade, aquele amor infinito no meu peito que eu não sabia como suportar.

Depois daquela tarde, na semana seguinte, inventamos outro encontro para dizer que tudo não passava de um erro e que não poderíamos mais nos encontrar. No estacionamento do Menezes Côrtes, um SpaceFox bem confortável, que ficava estacionado ali durante o dia, virou nosso refúgio. O encontro no carro dela, naquele dia, tinha como objetivo discutirmos a relação, mas despedidas nunca foram o nosso forte. Começamos a nos beijar e pulamos para o banco de trás. Quando saímos do carro, brincamos relembrando uma cena do filme *Titanic*: os vidros ficaram embaçados após os protagonistas fazerem amor no banco de trás de um carro que estava embarcado no navio. O estacionamento do edifício Menezes Côrtes se tornaria, a partir de então, um ponto de encontro, um esconderijo, uma releitura do quartinho na Maré. Nosso bote salva-vidas de um *Titanic* prestes a colidir.

CAPÍTULO 12 – *A mulher por quem me apaixonei*

PENSEI DURANTE MUITO TEMPO em uma forma de iniciar este capítulo que fosse justa com a minha história, mas, principalmente, justa com a mulher pela qual me apaixonei depois que Marielle e eu havíamos nos separado e eu tinha decidido viver a minha vida. Não achei, para ser sincera, a justiça que ela merecia, mas não podia ignorar sua presença, sua solidez e a forma gentil como o amor se mostrou algo possível e concreto para mim, depois de conhecê-la. Este capítulo é um pedido de desculpas e uma confissão.

Em 2010, eu conheci uma garota e me apaixonei. Era a primeira vez, desde que tinha conhecido a Marielle, que eu me sentia tão apaixonada por alguém. Ela era mais nova do que eu, éramos da mesma turma de Arquitetura. Não éramos amigas e nem do mesmo grupo na turma. As turmas da graduação costumavam ser grandes, com aproximadamente sessenta alunos em ateliê de projeto. E mesmo sem grandes contatos, eu me lembro de olhar para ela com carinho desde o primeiro momento. Fomos colocadas no mesmo grupo de trabalho e então passamos a conversar e, em poucas semanas convivendo, eu estava completamente apaixonada. Um dia olhei para ela na sala de aula e a luz do fim de tarde estava batendo em sua mesa. Eu a observava de longe sem pensar muito no que via, mas quando ela me olhou e sorriu, senti meu coração acelerar como havia muito tempo não sentia. Nossa relação de amizade se intensificou e eu não consegui disfarçar que gostaria de ser mais do que amiga.

Nossa convivência ficou cada vez mais intensa e nos apaixonamos. Comecei a frequentar a casa dela ainda como colega de faculdade para fazer os trabalhos juntas. Algum tempo depois, começamos a namorar. Para mim era uma responsabilidade namorar uma garota como aquela. Ela era doce, gentil, inteligente e muito prestativa com todos a sua volta. Sem dúvida nenhuma, uma das pessoas mais especiais que conheci na vida. Era a primeira vez que eu entrava em uma relação séria de verdade depois de tanto tempo.

Quando eu a conheci, ela era uma mulher que se entendia heterossexual, jamais tinha ficado com uma mulher antes, mas tampouco havia ficado com muitos homens. No início eu tinha medo de que ela sofresse se apaixonando por mim, uma outra mulher, e evitei em um primeiro momento que nossa relação pudesse existir. Gostava muito dela, não queria que ela sofresse tudo que eu sofri para me entender enquanto uma mulher que amava outras mulheres. Tive medo que ela passasse pelas mesmas dores que eu. Mas para minha surpresa, ela estava tão decidida a viver aquela paixão por mim que fez tudo parecer muito natural.

Meu novo relacionamento me apresentava uma possibilidade de futuro com acolhimento e paz. Por mais difícil que fossem os desafios, eu não precisava mais me esconder. Era a primeira vez que eu não sentia vergonha de ser quem eu era. Era a primeira vez que eu não tinha medo de sentir orgulho de demonstrar em todos os lugares a minha verdadeira sexualidade. Eu era uma mulher lésbica.

Era a primeira vez que eu testemunhava uma família abraçar uma filha LGBTI+ com naturalidade, sem qualquer distinção. O ambiente era de muito afeto e acolhimento. Uma relação vivida em um núcleo com base em respeito, companheirismo, compreensão, cuidado e amor. Eu nunca havia passado por nada parecido, nem mesmo na minha família de base. Nos cafés da manhã de domingo todo mundo se sentava à mesa conversando sobre os mais diversos temas, e o restante do dia era de preguiça, largadas juntas no sofá trocando carinhos sem constrangimento ou medo de sermos repreendidas. A saída do armário não era uma questão posta porque o armário não precisava existir ali.

A minha entrega àquela relação foi total, deixei de ser amante da Marielle naquele momento, porque queria viver aquela história como aquela história merecia. Eu estava realmente feliz: era a primeira vez que eu conseguia planejar uma família, entendi que eu poderia ter uma família, entendi que eu não precisava viver me escondendo. Conseguia vislumbrar um futuro. Até então eu só me imaginava como clandestina, como uma pessoa que só poderia ser amada enfrentando dor e sofrimento. Para mim, até aquela data, viver um amor como aquele só era possível através de mentiras, dissimulações, traições. Aquela relação me abriu um mundo de possibilidades e fez de mim uma pessoa melhor.

Ali, eu cabia e tudo era possível, um mundo onde meus desejos e sentimentos não eram maus nem pecaminosos. Passei a enxergar minha vida, minha visão sobre o amor, enfim, de um jeito que não era precário ou leviano.

Lembro do quanto me emocionei na primeira Páscoa com ela, no primeiro Natal, quando meu nome estava na árvore de Natal da família – e não que eu fosse ligada a essas cerimônias, mas ali eu existia. Aquela era uma família especial, que se encontrava sempre, não só pela obrigação das datas festivas. Às vezes, eu achava chato e implicava com tanta sociabilidade, mas foi importante demais viver aquela relação.

Minha sogra era uma das pessoas mais extraordinárias e amorosas que já conheci. Minha namorada era a irmã mais velha de três garotas. Minhas cunhadas, bem mais jovens que eu, se tornaram verdadeiras irmãs para mim, a ponto de termos feito tatuagens juntas, as três filhas, a mãe e eu. Até o avô, que já tinha quase 90 anos, me acolheu de forma generosa. Nas festas da família, eu era a companheira dela, não uma amiga, minha posição estava afirmada e, além de respeitada, eu era bem-vinda.

Eu passava a maior parte dos dias da semana na casa dela, porque o escritório onde trabalhava ficava no Centro e eu ainda morava com a minha mãe em Jacarepaguá. Eles me ajudaram. Mas eu já estava ganhando relativamente bem, trabalhando em um escritório de arquitetura aeroportuária, então resolvi alugar um apartamento mais perto do trabalho para não perder tanto tempo com deslocamento.

Eu estava sentada no sofá da casa delas pesquisando imóveis quando minha sogra, que estava lendo uma revista sentada na poltrona de estampa xadrez amarelo e vermelho que ficava perto da janela, deu a entender que deveríamos morar juntas. Eu brinquei:

"Tu tá empurrando tua filha pra mim?"

Minha sogra apenas ergueu o olhar:

"Ué, onde vai a corda, vai a caçamba", disse, fazendo uma clara alusão ao fato de minha namorada e eu não nos desgrudarmos, e voltou a ler a revista dela.

Aluguei, então, um apartamento com ela, na Tijuca. Era um apartamento aconchegante, com uma banheira antiga no banheiro de pastilhas de azulejos branco e azul-claro. Na sala fizemos uma pequena varanda onde coloquei muitas plantas e uma rede. Pintei uma parede da sala de azul-escuro e outros detalhes do cômodo de amarelo-manga. Durante a tarde a luz invadia o ambiente, que ficava lindo e acolhedor. A janela dava de frente para o rio Maracanã, com vista livre, sem prédios.

Os primeiros meses morando juntas foram superdifíceis. Como estávamos montando um apartamento do zero, não tínhamos móveis ou o que levar além de roupas e nossas camas, eu, uma cama de casal, e ela, uma cama de solteiro que ficava no quarto em que dividia com as duas irmãs. A família dela ajudou muito com os primeiros utensílios da casa. Não tínhamos geladeira, e nos primeiros dias as coisas ficavam em um isopor com gelo que eu improvisei. Não tínhamos fogão, tampouco máquina de lavar. A família dela, de forma generosa, nos ajudou muito para que pudéssemos equipar o apartamento no início.

O primeiro ano morando juntas foi de muita reclusão, não fazíamos quase nada fora de casa para poder pagar os móveis que íamos comprando para mobiliar a casa. Foi, além de um investimento financeiro, um investimento emocional. Eu via aquela garota, que tinha nascido numa realidade bem melhor que a minha, entrando de cabeça naquela aventura, cheia de perrengues, e me sentia muito sortuda, muito amada.

Foi também o período de reconexão comigo mesma, no qual enxerguei que era possível construir o futuro. Nunca vou esquecer dos anos de companheirismo, de projetos, de bem-estar e cuidado que passamos, do quanto eles me transformaram em uma pessoa que sabe amar melhor e que buscou o amor de uma forma mais saudável.

Durante muito tempo os amigos próximos e até minha mãe torceram para que eu ficasse nessa relação e esquecesse Marielle. Eu mesma cheguei a desejar isso profundamente. Mas o destino não é feito apenas das escolhas certas e, muitas vezes, de forma tortuosa nos leva ao encontro daquilo que não podemos mais negar. Foi assim que reencontrei Marielle. Primeiro, em uma vez completamente aleatória, na fila do banheiro de um teatro. Esses encontros-surpresa sempre nos deixavam perplexas e traziam à tona mil sentimentos. Foi o que bastou para que voltássemos a nos falar e a nos amar novamente com a mesma intensidade.

CAPÍTULO 13 – *A filha que eu tive*

TAMBÉM NESSA ÉPOCA, O MARIDO DA MARIELLE começou a ter ciúmes da minha relação com a Luyara. Eu e ela nos víamos esporadicamente. Como a vi crescer, nunca acreditei que as mágoas e as separações com Marielle devessem afetar o amor que eu tinha por aquela garota. Eu passeava com ela. Quando ia a um churrasco ou à casa de amigos da faculdade, convidava a Luyara também. Numa dessas festas, eu já com a minha nova companheira, apresentei a Luyara para todo mundo como minha filha, e todos ficaram surpresos por não saberem que eu tinha uma filha daquela idade, mas acreditaram. Nós não desmentimos a brincadeira, que, de alguma forma, para nós era verdade.

Um belo dia, quando levei Luyara para uma festa com amigas da faculdade, ela passou a noite comigo e, em algum momento durante as conversas, deu a entender que precisava fingir que ia dormir na casa da avó. Não entendi muito bem o motivo e não ia ficar pressionando uma criança para descobrir o que era. Mas a sensação de que havia algo errado me assombrou aquela noite.

No dia seguinte, perguntei delicadamente por que ela precisava mentir para o padrasto, e ela disse que a mãe tinha pedido, porque o Edu não podia saber que ela estava comigo. Quando fui tirar satisfação com a Marielle sobre aquela história, ela me disse que, para preservar seu casamento, minha relação com Luyara precisava ser cerceada. Eu reagi e questionei por que ela não havia defendido a minha relação de anos de afeto com a Luyara como legítima e sincera. Fiquei com muita raiva e, durante a discussão, a chamei de submissa e covarde. Foi muito duro. Depois que Marielle se casou, fomos aos poucos nos afastando.

Eu não queria que minha relação de afeto com aquela menina tão especial para mim fosse tomada por mentiras e tivesse a necessidade de ser escondida. Falei para Marielle que se o acordo do casamento dela era que eu não poderia mais ver sua filha, então que, no mínimo, ela tivesse a dignidade de explicar para a menina o porquê de eu estar saindo da vida dela. Não queria que a Luyara achasse que estava sendo abandonada por mim, como já tinha sido pelo pai.

Ficamos um tempo sem nos falar depois disso. Até que um dia Luyara veio bater papo comigo no MSN Messenger, um programa de mensagens instantâneas muito usado na época, e me contou que estava com paixõezinhas, já indo a festas de amigas sozinha... Quando li as mensagens, eu me interessei por saber mais, queria notícias da vida dela. Perguntei, então, se a mãe dela sabia que estávamos nos falando e ela disse que sim. Fiquei feliz em saber que Marielle havia autorizado a conversa. Luyara e eu nos reaproximamos um pouco, mas esses contatos eram bem esporádicos.

Certo dia, mais ou menos dois anos depois da discussão sobre a proibição de contato, Marielle me chamou para um café na esquina do escritório onde eu trabalhava. Nessa época, cada uma seguia com seu relacionamento e sua vida, tentávamos nos dedicar às nossas respectivas relações.

Não conversávamos havia meses, mas ela me chamou porque queria ajuda para lidar com a Luyara, que já estava entrando na adolescência e havia sido advertida na escola. O assunto era delicado. Em qualquer escola, essa advertência seria tratada nos termos de um desvio de comportamento, mas eu e Marielle não colocávamos tanto peso naquilo. Essa era a questão. Ela não queria ser moralista com a filha, mas queria entender o que estava acontecendo com ela. Como eu era mais jovem e tivera uma relação muito próxima, Marielle pediu que eu conversasse com a garota para tentar ajudá-la.

"Você me tira da vida da menina e, agora que ela tá tendo esses probleminhas na escola, você quer que eu seja a pessoa que vai reprimir?", eu disse para Marielle sorrindo ironicamente.

"Ah, eu não sei o que fazer..."

"Você não sabe porque é uma careta. Senta com a sua filha e não grita, conversa de boa com ela."

Conversamos de forma descontraída e em tom de brincadeira, interpretando diálogos imaginários que Marielle poderia ter com a Luyara, até que eu concordei em conversar com ela. Mas como eu acessaria a menina depois de anos sem nos falarmos direito? Marielle tinha um plano: eu iria até a praça Afonso Pena, na Tijuca, perto de onde elas moravam, no horário exato em que a Luyara estivesse na praça com os amigos, eu – *por coincidência* – passaria por lá e me encontraria com ela.

Levei meu cachorro Maddox, por quem Luyara era apaixonada. Conforme previsto no plano, nos encontramos na praça. Luyara se afastou dos amigos, veio até nós e começamos a conversar. Perguntei como estava a vida dela e, em algum momento, contei sobre uma situação parecida com o problema que ela teve na escola como se fosse minha vivência. Conversamos como se aquelas experiências fossem algo natural, como se eu mesma tivesse vivido algo parecido, pois queria ver se ela se sentiria à vontade para me contar suas questões. Falamos muito sobre responsabilidades, sobre cuidados, sobre como as coisas funcionam na vida quando estamos na adolescência. Por fim, falei que ela deveria conversar com a mãe. E ela disse que não contaria de jeito nenhum.

"Cara, sua mãe é menos careta do que parece, vai trocar ideia com ela", brinquei. "Um conversa de vocês sobre isso pode ser bom, fala com ela", segui insistindo.

Mesmo afastadas e seguindo caminhos diferentes, Marielle sempre me procurava quando precisava de ajuda. Quando a vida ficava complicada demais, ela me procurava como amiga, como parceira. Mesmo nos momentos mais difíceis ou estando afastadas, nunca deixamos de ser companheiras, no sentido mais bonito que isso pode ter. Fossem questões do trabalho, de casa, o que quer que fosse, existia uma força e uma conexão que sempre nos unia de novo.

Durante muito tempo, não tivemos motivos para nos procurarmos. Tudo ia bem nos nossos relacionamentos. Eu estava feliz na minha relação, ela estava vivendo com o homem que havia escolhido e eu com a companheira que a vida havia me presenteado. O que tínhamos com eles era estável, confortável e seguro, em todos os sentidos.

CAPÍTULO 14 – *A parceria*

QUANDO MARIELLE DECIDIU SE CANDIDATAR a vereadora, ela me procurou. Nossos casamentos já estavam em crise. Ela me mandou uma mensagem me chamando para jantar, disse que tinha uma decisão importante para tomar e queria conversar comigo para saber o que eu pensava. Quando me disse do que se tratava, fiquei preocupada, mas não surpresa. Marielle era uma liderança natural.

"Eu estou pensando em vir candidata a vereadora e queria saber o que você acha."

"Depende", eu respondi. "Como cidadã carioca, eu vou amar ter uma representante como você. Você representa o que eu acredito como projeto de mundo. Mas como pessoa que te ama, eu acho que você vai acabar com a sua vida. Mas eu vou te apoiar e estar ao seu lado no que você decidir, você sabe disso!"

Ela sorriu e pegou na minha mão olhando para mim. Eu perguntei:

"O que você quer?"

Ela sorriu me olhando de um jeito que eu conhecia bem. Aquele olhar de determinação eu identificava até no escuro.

"Não sei por que você está me perguntando, Marielle. Você já tomou sua decisão."

Rimos juntas.

"Eu quero que você esteja ao meu lado."

"Você sabe que eu vou te apoiar."

"Eu quero que você esteja ao meu lado de todas as formas. Eu amo você."

Olhei séria para ela e peguei meu copo de cerveja na mesa antes de responder. Ela bebeu a caipirinha de morango com kiwi que estava tomando. Marielle raramente bebia álcool, ela odiava a sensação de ficar bêbada, dizia que não gostava de perder o controle de si na frente dos outros. Mas às vezes, para relaxar, tomava caipirinha com muito açúcar e gelo.

Eu perguntei se ela queria ir para o motel que tinha ao lado do shopping onde estávamos conversando. O motel Magnus, na Zona Norte, foi por anos um lugar testemunha do nosso amor. Eu me sentia perdidamente apaixonada por Marielle, como se fosse a primeira vez.

Estava cada vez mais difícil não viver aquele amor. Tentamos por anos viver outras coisas, de outras formas, mas éramos sempre arrastadas a um reencontro. As dificuldades financeiras que nos impediam de viver juntas de forma confortável não tinham mais o peso de anos atrás. Se esse fosse o único problema, estávamos convencidas de que poderíamos dar um jeito de superar.

Dei o primeiro passo. Desmontei minha casa com minha companheira, abrindo mão do lar que eu tinha construído com tanto carinho e vontade de que desse certo. Fui morar em um apartamento de habitação popular em cima de onde era o apartamento em que nasci e cresci, no Conjunto Esperança. Eu estava de volta à Maré.

Eu não estava feliz trabalhando no escritório de arquitetura aeroportuária, tinha juntado dinheiro na poupança para poder ficar um tempo sem trabalhar e me dedicar aos estudos, para fazer mestrado em Arquitetura, que era um velho sonho. Caso eu não passasse no processo de seleção para o mestrado, sabia que poderia voltar ao mercado de trabalho de arquitetura sem grandes dificuldades. Decidi voltar a morar na Maré para manter gastos mínimos, dedicar meu tempo aos estudos e estar próxima das minhas relações mais consolidadas de afeto. Meu irmão morava com minha cunhada no apartamento de baixo. Todos os dias eu fazia as refeições na casa deles e brincava com meus sobrinhos.

Marielle começou a frequentar diariamente o apartamento na Maré, passou a colaborar com as contas, a filha dela e a minha mãe às vezes passavam o final de semana com a gente e as coisas caminhavam bem.

Meus planos de estudo foram bagunçados pela campanha da Marielle à Câmara Municipal, em 2016. Eu precisava estudar para a prova do mestrado, que se aproximava, mas dividia o tempo entre os estudos e a campanha, acompanhando Marielle nas agendas dela. Àquela altura, nós estávamos muito bem, e as atitudes dela me surpreendiam muito positivamente. Enfim ela dava sinais mais evidentes de afirmação tanto no amor quanto na política. Quando a campanha começou, ela praticamente morava comigo na Maré. Raramente ia no apartamento do Rio Comprido para pegar algumas coisas pessoais e ver como a Luyara estava. Marielle manteve esse apartamento para que a filha tivesse um espaço próprio e ficasse perto do colégio, já que meu apartamento era muito pequeno e longe da escola, no bairro de Santa Teresa.

Esse movimento de sair do Rio Comprido e ficar comigo na Maré, com uma estrutura mínima, me deixou mais confiante na nossa relação. Ali, Marielle se transformou. Ela era outra pessoa, disposta a bancar o nosso relacionamento mesmo com todas as dificuldades.

Eu nunca gostei muito de panfletar na rua, precisei superar certa timidez para poder fazer isso por ela, mas eu gostava mesmo era de carregar bandeira e fazer registros dos eventos.

Eu também dava palpites sobre o material da campanha, que Marielle sempre me pedia para ver. Os estudos em Arquitetura me deram um senso estético apurado, e eu gostava de colaborar opinando na revisão do material gráfico. Talvez eu pudesse ter contribuído mais com a campanha, mas aquele mundo da política era muito novo para mim e eu não me sentia tão à vontade sem entender quais espaços ocupar sem parecer ser invasiva. Eu só queria apoiá-la independentemente de como fosse.

Nas ruas, o crescimento da campanha dela era visível – as pessoas passaram a reconhecer a Marielle nos mais diversos lugares. Quando chegávamos para panfletar, todos já estavam adesivados ostentando o número dela no peito. Esse tipo de coisa começou a se tornar cada vez mais comum: chegávamos em um lugar para panfletar e as pessoas já conheciam a nossa candidata. Esse engajamento nos dava muito orgulho do que estávamos fazendo e propondo para a cidade. Começamos a imaginar que ela teria mais de 10 mil votos e poderia ser realmente eleita. A campanha estava crescendo e Marielle também.

No dia anterior à eleição, Marielle se arrumou no apartamento do Rio Comprido e foi encontrar a militância, que estava muito otimista e, ainda que cansada, muito animada. Marielle estava exausta física e emocionalmente. Com a voz rouca, precisava se esforçar para ser compreendida, mas estava radiante. A sensação de dever cumprido, de ter feito o melhor que podia, dava a ela um ânimo que era lindo de ver. A expectativa e a ansiedade eram enormes, mas o sorriso dela deixava todos confiantes de que o melhor estava por vir.

Combinamos de passar o dia da eleição juntas. De manhã, peguei o carro e fui até Jacarepaguá votar, porque eu havia transferido meu título para a Taquara quando minha mãe se mudou para lá. Aproveitei para buscar minha mãe, que votava na Maré, e voltamos juntas para a favela. Passei pela Linha Amarela, via expressa que liga a Cidade Universitária, ao lado da Maré, até a Barra da Tijuca, na Zona Oeste da cidade. Enquanto dirigia na via expressa a 100 km/h, segurava a bandeira da campanha com o número de Marielle pela janela do carro.

Minha mãe, com todas as idas e vindas da minha relação e pelas vezes em que me machuquei com os nossos términos, ainda não tinha feito as pazes com a Marielle, nem com a ideia de estarmos juntas. Ela estava com dificuldade de perdoar Marielle por todas as vezes que me viu sofrer naquele relacionamento, mas quando ela me viu toda enrolada para segurar a bandeira e dirigir o carro a 100 km/h ao mesmo tempo, ela me olhou e disse: "Ah, que droga, hein?! Me dá essa bandeira aqui. Mas não vou votar nela." Não só a minha mãe era contra a nossa retomada, ela e todos os meus amigos torciam pelo meu relacionamento anterior, que era tranquilo e estável.

Cheguei com a minha mãe na Maré, e ela seguiu com a bandeira da Marielle ao sair do carro. Ela pegou os adesivos e avisou que só faria aquilo por mim. Minha mãe é muito respeitada e reconhecida na Maré, principalmente por seu trabalho na área da saúde. E quando perguntavam em quem votar, ela indicava o número da Marielle, e olhava para mim como se dissesse: "Você me deve essa." Primeiro, eu achei que era só ranço mesmo, mas não era. Essa foi uma das maiores provas de amor que a minha mãe me deu – fazer campanha para uma pessoa de quem ela não gostava e achava que ia me fazer mal, apenas porque era o que eu escolhi viver.

Deixei minha mãe na casa de umas tias e segui para a minha casa, no Conjunto Esperança. Marielle passou lá para me buscar junto com a filha e a irmã. Eu e Anielle ainda não éramos tão próximas, mas ela brincou comigo mesmo assim. Quando Marielle estacionou, ela disse: "Porra, é muito amor mesmo, e deve foder bem, hein, porque vai morar mal assim...", e rimos juntas.

Foi nesse clima que entrei com elas no carro. Fomos até a Baixa do Sapateiro, onde Marielle votava. Ficamos ali num corpo a corpo, conversando com apoiadores durante um tempão até partirmos no carro dela em direção à Nova Holanda, onde havia uma militância marcando presença. Já no fim da tarde, ela foi para Bonsucesso almoçar na casa dos pais, e eu fui para a minha casa me arrumar.

Lá pelas 17h, no fim da tarde, Marielle me buscou em um ponto da avenida Brasil, com Luyara, Anielle e a mãe dela, Marinete, no carro. A mãe, que estava sentada na frente, fingia não saber do nosso retorno – esperava o anúncio oficial da filha, apesar de ter escutado Marielle contar publicamente sobre nosso relacionamento, dias antes, em um evento de campanha, ao dizer "minha companheira" ao se referir a mim. Eu fui atrás do banco do carona, acompanhando o início da apuração no celular e contando sobre as atualizações dos números dos votos contados pelo TSE. Marielle dirigia e me olhava pelo retrovisor sem falar muita coisa, as mãos suadas, que ela só tirava do volante para secar na calça. Era impossível não notar seu nervosismo. Quando chegamos na Lapa, onde ficava o comitê dela e do Tarcísio Motta, não havia onde estacionar. Naquele momento, atualizei a página da apuração dos votos, e ela já estava com mais de 16 mil.

"Você está eleita", falei. "Corre pro comitê que eu estaciono o carro!"

Marielle saiu do carro com a mãe, a filha e a irmã, e eu saltei para o banco do motorista dando um rápido e discreto beijo nela.

A militância estava eufórica, todos estavam em festa. Marielle e Tarcísio estavam eleitos, mas os números de votos de ambos não paravam de subir.

Muitas pessoas chegavam para abraçar Marielle, tiravam muitas fotos. Eu ficava entre o comitê e a rua com uma cerveja na mão; corria para a frente da TV acompanhando a apuração e voltava para a rua para gritar palavras de ordem com a militância. Marielle estava muito feliz e muito nervosa ao mesmo tempo. A campanha havia começado tímida, como uma tarefa a ser cumprida, e terminou gigante, mostrando toda a potência daquela mulher. Muitas análises políticas durante a campanha diziam que ela não teria chance, e ela também acreditava nisso no início. Mas a rua mostrava outra coisa. A luta das mulheres dizia outra coisa. O Rio de Janeiro queria aquela mulher e tudo que ela representava.

Apuração encerrada, Marielle foi eleita com 46.502 votos. Um verdadeiro fenômeno para uma estreante na política, ainda mais sendo mulher negra, socialista, feminista e favelada. A quinta pessoa mais votada da cidade, a segunda mulher mais votada. Surgia ali uma nova liderança para a esquerda. Virei para ela, que estava do outro lado do salão conversando com um amigo, nós nos olhamos ao mesmo tempo quando a apuração foi encerrada. Fui andando até ela e ela em direção a mim em meio à confusão de pessoas que se abraçavam e tentavam cumprimentá-la, nos abraçamos e nos beijamos, ali no meio de todo mundo. Marielle e Tarcísio estavam eleitos para a Câmara e Marcelo Freixo tinha ido para o segundo turno para disputar a Prefeitura. O trabalho árduo da militância do PSOL havia conquistado um feito histórico.

Entre brindes, abraços, sorrisos e lágrimas de alegria, fomos cantando pelas ruas até os Arcos da Lapa, onde havia uma estrutura pequena montada para um comício em que os eleitos iriam falar e ouvir Marcelo Freixo se pronunciar sobre o segundo turno. A comoção era imensa.

Acompanhei Marielle até a subida do palco, fui me juntar à militância e vi Marinete chorando de emoção. Nós nos abraçamos e aquela foi uma das últimas vezes antes de Marielle admitir para ela que estávamos namorando novamente e que em breve iríamos morar juntas.

Quando Marielle desceu do palco e terminou os cumprimentos, fomos para um motel na Glória passar a noite juntas.

**

Antes do fim de 2016, também saiu o resultado do meu mestrado. Marielle e Luyara me esperaram sentadas num banco do jardim nos pilotis da PUC enquanto eu ia ao terceiro andar para conferir se tinha sido aprovada. Fiz questão de subir sozinha porque estava nervosa. Quando vi meu nome na lista de aprovados, desci feliz para contar para elas que realizaria o sonho de ser mestra.

Àquela altura, minha relação com Marielle já estava estabilizada e estávamos seguras de que queríamos ficar juntas e finalmente construir a família que tanto havíamos sonhado em formar. Nós estávamos decididas a morar juntas e tínhamos planos de realizar uma festa de casamento para marcar a celebração do nosso amor. Nossa relação estava em um lugar onde nunca havíamos conseguido colocar antes. Ali, éramos duas mulheres entendendo nosso lugar no mundo, nossas fragilidades, nossos traumas, nossos medos, nossas dores e dispostas a seguir juntas, nos cuidando e superando os desafios. Eu havia coordenado um escritório de arquitetura e amadurecido muito naquele período, trabalhava muito e ganhava bem, o suficiente para ter juntado dinheiro o bastante para pedir demissão quando o ambiente se tornou abusivo e assediador e quando quis me dedicar apenas ao mestrado. Tinha vivido um relacionamento lindo que me fez ver que relacionamentos homoafetivos podem ser saudáveis e felizes.

A relação com a minha família também estava melhor. Eu já havia assumido minha sexualidade abertamente para quem quer que fosse e tinha o apoio da minha família para o que fosse me fazer feliz. Exceto pelo meu irmão mais velho, com quem nunca mais tive nenhum tipo de relação e que se afastou até mesmo da minha mãe quando ela demonstrou apoio à minha relação com a Marielle.

Depois que Marielle contou abertamente que nós estávamos juntas e iríamos viver a construção da nossa família, a mãe dela não aceitou e passou a não me cumprimentar mais quando nos encontrávamos. Eu passei a não ir mais a eventos em que ela estivesse presente e Marielle precisou começar a se dividir em ocasiões em que estaria a mãe ou eu.

Marielle demorou muito tempo para oficializar para a mãe que tínhamos de fato reatado. Quem acabava lidando com isso era a Luyara, que passava a maior parte dos fins de semana com a avó, que jogava indiretas para ela sobre nossa relação.

Ela dizia coisas que eram difíceis para uma jovem administrar. Luyara, por respeito e consideração a nós, não confirmava nada e dizia que a avó precisava perguntar para a Marielle se quisesse saber algo. Em boa parte da infância, ela teve a avó como grande referência materna, por esta ter cuidado muito dela. E um dia ela veio até nós para dizer que estava cansada da pressão que sofria da avó, que fazia insinuações sobre o nosso relacionamento, e não aguentava mais não poder contar a verdade para ela. Então, pediu que Marielle contasse logo para sua mãe. Eu concordei. Disse para Marielle que a mãe dela tinha o direito de saber e que isso seria importante para nós também, e para ela mesma em especial. Marielle sempre se importou muito com a opinião da mãe, ser aceita por ela era algo muito importante, e nesse caso ela sabia que não seria nada fácil. O medo da rejeição fez Marielle postergar o quanto pôde, mas era inevitável.

Marinete, que sempre foi muito cordial com suas visitas e fazia questão de ser boa anfitriã, naquela noite me recebeu de forma rude, apesar da ocasião, para celebrar a data de mais um mês de vida de sua neta caçula. Era uma comemoração pequena, que Anielle havia organizado na laje, para familiares e amigos próximos. O incômodo da matriarca com a minha presença em sua casa foi visível para todos, Marinete nunca havia me tratado daquela forma. Depois que fomos embora, conversei com Marielle e jurei que jamais voltaria à casa de sua mãe, a menos que fosse convidada pela própria. O que eu jamais poderia imaginar é que isso só aconteceria no domingo após a morte de Marielle.

***

Depois da eleição, ocorreram dois momentos dramáticos relacionados à família: a diplomação e a posse de Marielle como vereadora. As duas celebrações tinham limites de convidados, e ela precisou decidir sobre como dividiria as pessoas que mais amava na vida. E deixou claro que queria a minha presença nos dois eventos.

O primeiro evento aconteceu na tarde de 15 de dezembro de 2016. Marielle foi diplomada vestindo a roupa com a qual, exatamente um ano e três meses depois, seria velada naquele mesmo Palácio da Câmara Municipal. Um vestido bem largo estampado em vermelho e laranja em tons terrosos, com que uma amiga a havia presenteado após uma viagem ao Senegal. O turbante, nas mesmas cores do vestido, prendia os seus cabelos para cima e o batom vermelho emoldurava seu sorriso largo e contagiante.

Luyara e eu estávamos na galeria que fica na parte superior do plenário. Marielle constantemente olhava para cima para nos mandar beijos e acenar. Eu estava muito emocionada de vê-la ocupando aquele espaço e brilhando de felicidade. Enquanto Marielle cumprimentava seus colegas de parlamento, nós tirávamos fotos e fazíamos piadas com aquele momento. A diplomação é um evento mais burocrático, é considerado menos simbólico do que a posse. Da Câmara, fomos para o Amarelinho, um bar tradicional da Cinelândia, com a equipe do mandato, que já estava estruturada por boa parte das pessoas que fizeram a campanha dela. Eu e Luyara ficamos juntas o tempo todo nos divertindo com o celular, entre fotos e vídeos bobos.

A posse aconteceu na manhã do dia 1º de janeiro de 2017. Na noite anterior, comemoramos a virada do ano. O réveillon havia sido planejado para celebrarmos sem exageros e voltarmos para casa cedo, considerando que Marielle precisaria estar arrumada a tempo para a posse, que começaria às 10h da manhã. Mas, entre brindes com amigos e um passeio pela praia do Flamengo para vermos os fogos, a noite foi se estendendo e eu fiquei bêbada.

Fomos para o apartamento na Maré e Marielle me chamou quando a maquiadora chegou, mas eu não acordei. Quando conseguiu me acordar, ela já estava pronta e não poderia me esperar ou chegaria muito atrasada. Ela estava muito nervosa e ficou ainda mais porque eu não poderia acompanhá-la. Eu pulei da cama e corri para o banho na tentativa de me arrumar o mais rápido possível.

O banheiro era infestado de lacraias por dentro das paredes. Antes do banho, era preciso abrir o chuveiro e esperar um tempo para que saíssem pelas frestas do rejunte dos azulejos e jogar veneno para matá-las. Dessa vez não houve tempo para o preparo e uma lacraia picou meu pé, que imediatamente começou a queimar. Continuei me arrumando às pressas para não atrasar ainda mais. Como na diplomação, os ingressos eram limitados a apenas dois. Marielle fez questão de conseguir três, porque queria que tanto os pais quanto eu estivéssemos presentes. Isso era mais um dos motivos para o nervosismo. Seria a primeira vez que eu encontraria seus pais publicamente após Marielle ter assumido para eles que havíamos reatado.

Assisti à posse e ao sorteio dos gabinetes sentada novamente na galeria, mas dessa vez sem ninguém conhecido ao lado. Quando acabou, desci para falar com Marielle, que vestia um macacão de linho branco lindo que eu havia dado a ela de presente de Natal. Após tirar fotos na escadaria, ela pediu que eu chamasse seus pais para subirmos e conhecermos o gabinete. Avisei a eles e, quando me virei, ouvi sua mãe dizer: "Tanta gente pra ela mandar vir e ela manda 'essazinha aí'." O tom de desdém me deixou magoada e também anunciou como seria difícil a nossa relação.

Após a visita ao gabinete, fomos todos para o Amarelinho novamente. Eu voltei para casa para tomar banho, porque o calor estava insuportável e meu pé estava inchado da picada da lacraia. Troquei de roupa, coloquei gelo no pé e voltei para confraternizar naquele momento especial. Todos que trabalhariam com Marielle estavam presentes, além de amigas e amigos e os pais. Embora a mãe dela não se dirigisse a mim na conversa, o clima entre todos era de alegria, e Marielle estava muito feliz. O ano estava apenas começando e ele seria o mais feliz da nossa vida.

CAPÍTULO 15 – *O lar*

A beleza está nos detalhes

ERA UM SÁBADO À NOITE e fazia muito calor, 7 de janeiro de 2017 no Circo Voador, show de abertura do verão que Mart'nália fazia tradicionalmente todo ano e eu religiosamente estava lá. Eu amava aquele show no Circo e esperava ansiosa por ele todo início de ano. Mart'nália cantava "Namora comigo" no palco, Marielle e eu estávamos abraçadas dançando quando ela pegou minhas mãos e me entregou uma pequena caixa. Na escuridão do show, eu não pude ver o que era. Então, ela apoiou um joelho no chão na minha frente e abriu a caixinha com as alianças. Eu demorei para acreditar que aquela cena realmente estava acontecendo. Segurei as mãos dela e a levantei ainda incrédula, quando ela disse, olhando para mim: "Ninguém nunca te amou, ama ou vai amar como eu. Casa comigo?" Eu tremia, emocionada, e com a voz embargada pelo choro, quase não consegui responder: "Sim."

Com Marielle eleita, eu no mestrado e Luyara concluindo o ensino médio, decidimos procurar uma casa para vivermos em família. Uma amiga da Marielle tinha visitado um imóvel para alugar na rua dos Araújos, na Tijuca, bem no pé do morro do Salgueiro, próximo à praça Saens Peña. Ela não poderia ficar com a casa, mas achou que poderíamos gostar e que seria perfeita para nós. E era!

A casa de vila, cujo acesso era por um longo corredor a céu aberto, com vista para a favela do Salgueiro, era a primeira de um conjunto de casas. Era uma casa simples que, no seu interior, depois da cozinha, tinha uma área aberta retangular onde eu imediatamente imaginei um jardim, que meses depois estaria montando para Marielle. Era meu espaço favorito na casa, que tinha três quartos e era perfeita para a nossa família, que então era composta por nós duas, Luyara e Maddox.

Assim que pegamos a chave, comecei a exercer minha função de arquiteta, planejando cada detalhe. Naquela manhã, lavei a casa para que pudéssemos providenciar a mudança. À tarde, Marielle foi me encontrar enquanto eu fazia meus rituais de limpeza energética além da faxina. Conversamos sobre o quanto aquele momento havia sido sonhado e desejado por nós ao longo daqueles 13 anos em que nos conhecíamos. Falávamos do quanto estávamos felizes e finalmente vivendo aquele sonho. Fizemos amor em cada cômodo da casa para inaugurar o que seria o refúgio do nosso amor, e dessa vez nada seria clandestino. Nossos nomes estariam nos comprovantes de residência, nossas tarefas domésticas seriam partilhadas e no final do dia, não importava o que acontecesse, nós terminaríamos juntas abraçadas na mesma cama. Na nossa cama.

Organizamos a mudança da antiga casa da Marielle, para levar os poucos pertences do seu antigo casamento e as coisas pessoais da Luyara. Desmontei meu apartamento na Maré e levei tudo comigo. Entrelaçamos nossas coisas e a promessa de fazer o mesmo com nossa vida. Dali em diante, nada mais era meu ou dela. Tudo era nosso.

Organizar a vida de casadas não foi uma tarefa simples no primeiro momento. Eu tinha minhas economias do antigo trabalho no escritório, Marielle tinha dívidas por ter feito uma campanha com poucos recursos. Conhecida por ser a "louca das planilhas" – como Marielle costumava me chamar –, comecei a organizar e planejar o que seria a nossa vida familiar financeira.

Caroço, como era chamado o meu Fox preto de apenas duas portas (um presente do meu pai para me ajudar na vida universitária), seria vendido para quitarmos as finanças pendentes naquele momento. O carro da família passaria a ser o da Marielle, um SpaceFox de modelo mais novo que o meu e também mais espaçoso. O mesmo que nos serviu de abrigo nos encontros escondidos no edifício Menezes Côrtes e que carregava tantas lembranças de momentos intensos.

Abri mão do meu carro para investir na construção da nossa família, para pagar as dívidas iniciais, as de campanha e da mudança. E depois eu me dedicaria ao mestrado, sem me preocupar com as contas da casa, que seriam pagas pela Marielle, num acordo proposto por ela, que sempre foi uma das maiores entusiastas para que eu me dedicasse aos estudos.

A bolsa do mestrado seria usada para gastos pessoais do dia a dia e a manutenção doméstica, além da cerveja.

Pela primeira vez, o dinheiro não era uma questão que dificultava nossa relação, como em tantos outros momentos havia sido. Marielle estava ganhando bem como vereadora e, além de pagar as contas de casa, ainda conseguia contribuir com uma ajuda financeira para sua mãe e seu pai. Não vivíamos com luxo, mas conseguíamos viver com dignidade e algum conforto financeiro. Foi então que decidimos economizar para fazer uma festa de casamento e celebrar o nosso amor com amigas, amigos e familiares. Esse era um sonho antigo nosso, que por anos parecera impossível ou inviável, mas finalmente se tornaria realidade.

Por ter uma agenda muito mais flexível que a da Marielle, era eu quem cuidava das tarefas domésticas, organizadas entre meus horários de estudo na biblioteca da PUC e as aulas do mestrado. A decisão de que seria eu a cuidar da casa não era apenas econômica, mas também política. Com Luyara em casa a maior parte do tempo e minha disponibilidade e desejo de administrar o lugar, resolvemos que não haveria outra pessoa para ajudar na limpeza, nem esporadicamente.

Eu achava importante que Luyara aprendesse as tarefas e tivesse responsabilidades pessoais e coletivas para o cuidado do lar. Com o pouco tempo que Marielle tinha para se dedicar a isso, eu me entendi responsável por cuidar de sua filha, que àquela altura era minha responsabilidade também. Queria ensinar a ela o que minha mãe me ensinou e que me fez ter condições de morar sozinha desde cedo. Mas essa não seria uma atribuição tão simples. Eu cobrava que Luyara dividisse a manutenção da limpeza da casa comigo. Isso por vezes me trouxe desgaste e transtornos com Marielle, porque, ao mesmo tempo que minha relação com Luyara era de amor e confiança, ela já era uma mulher adulta e eu não tinha autoridade para poder cobrá-la por não ter feito ou ter feito mal as tarefas. Descobri que ser madrasta era um desafio muito maior do que eu pensava que poderia ser.

***

O ano estava começando e, após o período árduo de campanha, Marielle havia decidido tirar alguns dias de recesso, assim, programamos uma viagem para o final de janeiro, antes que ela começasse efetivamente os trabalhos do mandato. Nós duas amávamos dirigir e decidimos ir para a Bahia de carro. Uma viagem que marcaria a nossa vida para sempre.

Durante a ida, na estrada, tudo era engraçado e lindo. Enquanto eu dirigia, Marielle admirava a paisagem, e nós colocamos em dia todos aqueles anos passados separadas. Contávamos coisas das nossas infâncias, trocávamos pensamentos sobre a vida, sonhos. Era um reencontro de almas que se redescobriam. Fomos fazendo paradas até chegar a Salvador. A primeira delas, no Espírito Santo, onde passamos um lindo final de tarde na praia e namoramos ao pôr do sol. Passamos a noite em uma pousada com decoração indiana e voltamos para a estrada na manhã seguinte.

Meu aniversário, dia 1º de fevereiro, estava chegando e tínhamos planejado passar em Itacaré, lugar que sempre quis conhecer por sua famosa beleza. Lá, tivemos momentos lindos de muito amor. Passeamos de barco pelo manguezal, curtimos a véspera na praia bebendo e conversando. Os dias pareciam mágicos. Na manhã do meu aniversário, seguimos para Salvador, para o apartamento que uma prima da Marielle havia nos emprestado, e participaríamos da festa de Iemanjá no 2 de fevereiro. Os dias em Salvador foram de encontros especiais com velhas amigas e novas amizades.

Planejamos o retorno para casa com paradas em locais que queríamos conhecer, como Morro de São Paulo, onde tivemos os dias mais bonitos da nossa vida. Jamais vou esquecer das nossas declarações de amor na Toca do Morcego, um restaurante em que vimos um pôr do sol cinematográfico e juramos nos amar pelo resto da vida. O que eu jamais poderia imaginar é que só teríamos mais um ano juntas antes de Marielle ser retirada de mim. Prometemos que voltaríamos lá para descer na tirolesa e ver de novo aquele pôr do sol, mas Marielle não teria tempo para cumprir essa promessa.

De volta à rotina, os desafios do casamento e de ser madrasta começaram a surgir. Marielle não queria se aborrecer com a filha, tampouco com afazeres domésticos. Eu, que desde criança fui responsável pelas tarefas do cuidado da casa, me tornei muito organizada e exigente com limpeza. Cobrava que Luyara tivesse atenção e disciplina com nossa casa e com ela mesma. Sempre tentando ter muita paciência para ensinar, me dedicava a passar o que eu sabia e considerava importante.

Apesar de sua enorme boa vontade para ouvir, a convivência diária e a tarefa de educar eram um desafio imenso para mim. Eu me desgastava e acabava discutindo com a Marielle a maior parte das vezes por isso.

As questões domésticas, no entanto, não foram nossos únicos problemas naquela casa. No início do mandato, Marielle estava imersa em compromissos que começavam cedo, acabavam tarde da noite e não a deixavam livre nem mesmo nos fins de semana. Comecei a participar dos eventos dela para passarmos mais tempo juntas, mas "juntas" não era bem uma realidade nesses espaços em que ela estava a trabalho e eu estava acompanhando. Nossos encontros como casal ficaram cada vez mais raros, não sobrava muito tempo para cuidar da família ou da relação. Meus momentos de lazer passaram a ocorrer em função da agenda dela. Eu chegava cedo à biblioteca da PUC e passava o dia na universidade estudando e com amigos que fiz no mestrado. Então, parei de acompanhá-la em tudo que fazia para ter tempo para as coisas que achava importante para mim, e a falta de tempo para nós aos poucos virou um problema para a vida de casal. Foi quando conversamos para estabelecer novos acordos na nossa rotina.

Eu fazia questão de ter a casa organizada e aconchegante para que ela pudesse descansar e ser acolhida sempre que chegasse, mas, como ela não tinha hora para estar em casa, fiquei sobrecarregada e com um sentimento de abandono que foi se acentuando com o passar dos dias. Eu deixava a janta pronta para comermos juntas, à meia-luz, para desacelerar o ritmo do dia, e velas acesas no nosso quarto e incenso pela casa, mas aos poucos fui me sentindo menos importante.

Percebi que eu estava abrindo mão dos meus programas, da minha vida pessoal e da minha individualidade para acompanhá-la. Eu queria estar com ela sempre o máximo que podia, mas daquela forma não estava me fazendo bem nem estava fazendo bem para nós. Quando eu estava com ela, os compromissos terminavam tarde e nós não ficávamos juntas de fato. Chegávamos em casa cansadas, mal conversávamos e íamos dormir. O sentimento de solidão tomava conta de mim e se tornava um desafio na relação. Eu queria a atenção da minha mulher e queria que ela se dedicasse à nossa família com o mesmo empenho que se dedicava ao trabalho. Como isso não acontecia, eu me frustrava e nos distanciávamos. Comecei a beber mais do que de costume e acabei entrando num ciclo de depressão.

Eu queria me sentir amada, desejada, e, por mais que eu a amasse e sonhasse com uma vida inteira ao lado dela, eu não me sentia importante ali. Passei a ficar no bar com amigos depois das aulas do mestrado e a chegar em casa bêbada e cada vez mais tarde. Nunca tive uma relação saudável com a bebida, porque sempre a usei como desculpa para entorpecer momentos ruins, e quando isso passa a ser corriqueiro é sinal de que não se trata de diversão, mas de uma fuga de si. O sentimento de solidão crescia e eu sabia que se continuássemos daquele jeito eu não poderia mais estar naquela relação.

Voltei a buscar minha espiritualidade e minha rotina de autocuidado com academia cedo e corridas diárias. Quando queríamos conversar sobre questões importantes da política ou da nossa relação, nós saíamos para jantar. A energia da casa era algo sagrado para mim, e o ambiente deveria ser preservado como um lugar de paz e descanso.

Uma noite, quando as coisas não iam bem, saímos para jantar e conversar. Fui sincera com ela sobre como estava me sentindo, a pressão da educação da Luyara, o sentimento de solidão, o excesso de bebida, tudo se somava e se tornava um grande mal-estar. Propus abrir a relação e tentarmos outro formato, em que eu não precisasse esperá-la e que a falta de tempo dela não me provocasse a sensação de ser menos importante. Sugeri até que voltássemos a viver em casas separadas. Eu as deixaria com a casa e voltaria a morar na Maré com o Maddox, em um lugar onde eu pudesse me sentir inteira de novo, mas Marielle não queria mudar a configuração da relação que tínhamos e tampouco imaginava que eu pudesse estar me sentindo daquele jeito. Foi uma conversa difícil. Entre lágrimas, ela prometeu rever suas ações e nos priorizar mais. Não queria que eu saísse de casa e não podia suportar a ideia de que eu me relacionasse ou me envolvesse com outras pessoas. Prometeu dar mais atenção à casa, à educação de sua filha e ao nosso casamento. Para mim, era muito difícil viver naquela instabilidade emocional.

Eu havia tido um casamento lindo antes, havia experimentado uma vida familiar estável e feliz, na qual a relação era a prioridade, e queria poder viver algo parecido, mas a vida parlamentar da Marielle dificultava a materialidade desse desejo. Eu não estava falando em término, nosso amor era sólido, e àquela altura jamais deixaria um novo rompimento ou afastamento acontecer. Nós sabíamos que não podíamos viver uma longe da outra, mas eu não podia viver com aquela angústia e a sensação de ser menor do que o compromisso dela com o trabalho.

Não tinha dúvida do amor dela por mim nem do reconhecimento dela pelo meu esforço, mas sua falta de tempo para cuidar de nós fazia eu me sentir menos interessante. Resolvemos estabelecer um limite de horário para ela encerrar os compromissos de trabalho e estar em casa para dedicar algum tempo a nossa família. Avisei que a partir daquele momento o jantar seria servido às 21h30, com ou sem a presença dela, e que não a esperaria chegar todos os dias. Ela então passou a encerrar o trabalho à 21h, as manhãs foram priorizadas para ficarmos juntas em casa e irmos à academia e à feira, tomarmos café da manhã no jardim. Os fins de semana tinham trabalho, mas também passaram a ter tempo de qualidade para nós. As coisas foram se ajeitando e nosso amor estava sendo priorizado.

Nos fins de semana eu adorava cozinhar para receber amigos e nossa família. Meu irmão levava meus sobrinhos e minha mãe para almoçarmos juntos, os amigos apareciam para tomar cerveja e jogar conversa fora nas tardes de domingo. Era comum também recebermos a visita da irmã, da sobrinha e do pai da Marielle. Por vezes o desafio maior era a Marielle estar disponível para ir com sua mãe à missa. Como a mãe dela não aceitava a relação, não frequentava a nossa casa, nem mesmo em datas como aniversários. Então, Marielle precisava se dividir entre mim e a mãe no fim de semana. Eu sabia que ir à missa com ela era importante, e mentia dizendo que precisava estudar para que ela pudesse ir sem a culpa de me deixar sozinha. Era triste vê-la sofrer por não poder ter a família toda reunida.

Nossa rotina foi restabelecida aos poucos, com cuidado e afeto. Marielle passou a colaborar nas tarefas quando chegava mais cedo em casa e eu passei a ser menos exigente com o tempo dela para nós. Pelas manhãs nós fazíamos sexo quase diariamente e levantávamos juntas para iniciar o dia. Fazíamos a cama juntas e, antes de entrar no banho, Marielle escolhia a cor do turbante que iria usar e arrumava o cabelo cuidadosamente com a minha ajuda. Enquanto ela tomava banho, eu escolhia a roupa dela de acordo com o turbante, passava e deixava esticada sobre a cama para que se vestisse. Em raras exceções, quando eu não fazia isso, Marielle escolhia a roupa toda da mesma cor e saía toda vestida de um mesmo tom. Eu achava aquilo muito engraçado, fazia piadas quando ela estava toda de rosa, perguntando se a Penélope Charmosa estava sabendo que ela havia mexido no seu guarda-roupa. Se estava toda de vermelho, eu questionava se o Chapolin Colorado não ia sentir falta do uniforme. Para tudo tinha uma piada, ela achava graça e ria, mas não trocava. Eu me sentia bem por termos delicadeza e sensibilidade na nossa rotina.

O cuidado com o cabelo dela era algo singular nosso. Nos fins de semana, eu a ajudava a fazer hidratação. Eu me sentava no sofá e ela se sentava no chão entre as minhas pernas e, enquanto assistia à televisão ou lia o jornal, eu desembaraçava cuidadosamente os seus cabelos. Eu amava aquele momento de cuidado com algo que era tão importante para ela. Marielle demorou muitos anos para assumir e admirar seu próprio cabelo no formato natural, sem uso de químicas para fazer relaxamento. Eu a apoiava em tudo e amava vê-la se empoderando de sua própria identidade.

O nosso sonho de família, lar, vida juntas na vivência daquele amor infinito estava se concretizando. A nossa rotina de amor e cuidado mútuo estava finalmente estabilizada. Eu a acompanhava em compromissos que sabia que eram importantes para ela e em temas que eu gostava, como pautas feministas. Amava quando ela me pedia ajuda para se preparar para uma fala, ou me pedia para acompanhar em algum evento para o qual ela não estava muito segura. Eu admirava e me orgulhava de vê-la em debates. Aprendia diariamente com ela e adorava que ela se deixava aprender comigo. Nas agendas de viagens, eu estava presente sempre que possível. Mas a melhor parte do dia era poder deitar ao lado dela e dormir abraçada. Todas as manhãs, quando acordava ao lado dela, eu mal podia acreditar que era real. Eu jamais me acostumei com a presença dela. Em qualquer encontro, ainda que em cômodos diferentes da casa, bastava abraçá-la para sentir um frio na barriga e um imenso amor.

CAPÍTULO 16 – *Os planos*

MARIELLE GOSTAVA DE SONHAR ACORDADA e planejar um futuro deslumbrante. Os planos de uma vida juntas eram imensos. A possibilidade de vivermos o que nunca havíamos cogitado era encantadora. Quando ela foi cumprir um compromisso de trabalho no Chile, eu a acompanhei. Nós nunca tínhamos viajado para fora do país, nem juntas, nem separadas. Foi uma experiência linda de se viver. Após cumprir a agenda de trabalho, tiraríamos uns dias para aproveitar Santiago, então montei um roteiro cuidadoso de coisas interessantes para vermos e experimentarmos. Eu tinha cismado que deveríamos ir até Pucón, uma cidade ao sul do Chile onde eu queria escalar um vulcão. A ideia parecia meio louca, mas Marielle sempre topava e incentivava minhas loucuras. Dessa vez não foi diferente. Parceira para todas as horas e aventuras, ela topou.

Pegamos um avião e fomos para Pucón sem grandes planejamentos. O frio era cortante, embora os dias estivessem lindos. Ficamos hospedadas em uma pousada em que se podia ver o vulcão coberto de neve ao fundo. Era a nossa primeira vez tão próximas da neve, e ela não conseguia esconder a animação. Organizamos o passeio, mas uma nevasca impossibilitou a escalada até o vulcão, assim, mudamos os planos e fomos até a base do vulcão para esquiar. Marielle não se deu bem com a modalidade, e ficou brincando na neve num escorrega, como uma criança. Na subida longa e cansativa até o local, ela me olhava cansada e brigava comigo por ter tido aquela ideia. Eu ria na maior parte do caminho e não a deixava desanimar. Ela ficou feliz quando começou a nevar no meio do passeio e o mau humor passou. No dia seguinte, íamos conhecer as termas, um parque lindo com piscinas de água quente.

No café, eu avisei a ela do horário e que iríamos nos atrasar se não saíssemos imediatamente. Mas ela, que estava sempre atrasada para tudo, não ligou. Chegamos ao local de onde o carro sairia para nos levar com quinze minutos de atraso, e o transporte já havia saído. Quando o homem avisou que havíamos perdido o passeio por conta do atraso, Marielle quase não teve coragem de olhar para mim, porque sabia que eu estaria irritada. Ela então convenceu o homem a organizar outro transporte para dar tempo de nos levar. Conseguimos chegar às termas, e essa foi uma das coisas mais legais que fizemos. Ela sempre fazia as minhas vontades e me mimava para fazer tudo que eu queria. Como a viagem para Cunha, perto do Rio de Janeiro, para a qual meses antes ela havia me levado de surpresa para passarmos um fim de semana em um lavandário, porque eu tinha o sonho de conhecer um. Mas Marielle ficou frustrada ao perceber que o vento não tinha cheiro de lavanda. Ela era distraída e não costumava pesquisar sobre como seriam as viagens, isso era tarefa minha. Com uma percepção quase infantil de tão ingênua que era, ela deixava para descobrir como as coisas realmente seriam na hora em que aconteciam. Eu achava lindo ver o encantamento dela com coisas simples e banais. Saímos do Chile planejando viajar o mundo e conhecer muitos outros países. No fim do ano, Marielle tirou nosso passaporte. No início de 2018, ela teria um compromisso nos Estados Unidos e queria que eu também tivesse passaporte para planejarmos nossas próximas aventuras, mas não tivemos tempo de concretizar. Meses depois o passaporte que ela havia providenciado para mim seria o que me garantiu lutar por justiça a ela ao redor do mundo.

Iniciamos o ano de 2018 fazendo planos para a nossa festa de casamento. Fomos até Búzios escolher a casa de festas, um lugar lindo à beira-mar, onde ficaria o altar de celebração. As madrinhas e os padrinhos já tinham sido escolhidos, pessoas que celebrariam a nossa história de amor como tanto já faziam nos nossos almoços de domingo no quintal da pequena casa verde de vila em que morávamos. O bufê foi escolhido, as alianças foram compradas. Marielle insistia para fazermos logo a união estável, mas eu não queria.

Eu queria que tudo fosse feito junto, próximo à nossa data de casamento, que seria em 7 de setembro de 2019. Decidimos fazer em 2019 porque 2018 seria ano de eleição e ainda não estava definido, nem por ela nem pelo partido, qual seria seu papel político naquela disputa. Sete era um número importante para nós, era o nosso aniversário de namoro havia anos. Foi num dia 7 que ela me deu a aliança e me pediu em casamento;

50777 foi o número que ela escolheu como candidata e a tornou vereadora da cidade; 7 de setembro era a data da realização do nosso grande sonho, feriado da Independência, em que nós, finalmente, teríamos a *nossa* independência. Duas mulheres que se amavam casando-se em uma data conservadora para transcender a lógica que essa data representa para o país. Estávamos prontas.

Nos últimos meses juntas, todos os dias separávamos um momento à noite para conversar sobre os planos do casório. Claro que eu já tinha feito a planilha e estava organizando os detalhes. No dia 7 de março, na noite de uma quarta-feira comum, Marielle me chamou para comer no restaurante onde jantávamos como de costume quando queríamos conversar algo sério fora de casa. Ela estava com um ar grave, fez um longo discurso de análise da nossa relação e, por um breve momento, pela seriedade do seu tom de voz, eu cheguei a pensar que ela iria terminar comigo e desistir de tudo. Foi quando ela reforçou o quanto me amava, o quanto estava feliz com a família e a vida que estávamos construindo, o quanto ela estava certa de que queria aquilo para a vida dela e, por isso, queria fazer a união estável logo. Eu resisti e insisti para que fizéssemos tudo junto, não queria ter várias datas para comemorar e não via sentido, com o casamento marcado, em antecipar os papéis.

Ela não ficou satisfeita com minha hesitação, mas pareceu aceitar, pelo menos naquele momento. Eu sabia que seria uma questão de tempo até ela me convencer, mas me mantive firme. Saímos do restaurante e fomos para um motel que sempre tivemos vontade de conhecer, mas nunca tínhamos ido até então por ser muito caro. Na manhã seguinte, durante o café da manhã, ela parecia preocupada e me fez prometer que nunca a deixaria.

"Amor, eu te amo de uma maneira que chega a doer quando eu te olho dormir. Eu quero passar o resto da minha vida com você. Promete que, aconteça o que acontecer, você nunca vai me abandonar?", ela perguntou uma semana antes de ser assassinada.

"Meu amor, não tem nada na vida que eu ame mais do que você. Não tem nada no mundo que eu queira mais do que passar o resto da minha vida ao seu lado e construir todo o presente e o futuro com você. Eu nunca mais vou sair do seu lado. Eu nunca vou te abandonar nem abandonar o nosso amor. Ninguém te ama, amou ou vai te amar como eu", respondi, romântica e querendo confortá-la, uma semana antes de o chão embaixo de mim ruir.

RIO DE JANEIRO, 1º DE JANEIRO DE 2018

EM UM PEQUENO SÍTIO na região da Serrinha do Alambari, no Sul Fluminense, nós trocamos as festas badaladas por descanso no meio do mato em uma casinha bucólica com pouco sinal de internet e muito amor de amigas e amigos queridos. O ano de 2017 havia sido intenso e desafiador, e, a convite de uma amiga muito querida, nós topamos passar um réveillon mais sossegado em meio à natureza. Encerramos o ano em um dia na cachoeira com amigas, meditando juntas no final da tarde, e, antes de nos arrumarmos para o jantar e celebrarmos a virada do ano, eu preparei um banho de rosas brancas e alfazema para nós. Agradecemos por tudo que 2017 havia feito de lindo por nós e pedimos um 2018 mais generoso e de paz. Eu estava de vestido branco e Marielle, de vestido estampado. Na hora de sair, trocamos os vestidos. Achei melhor que ela, que tinha uma rotina mais difícil, estivesse vestindo branco na virada do ano. Mais uma das minhas superstições e cuidado com ela.

No primeiro dia daquele ano, Marielle e eu tomamos café da manhã juntas. Fomos as últimas a levantar da cama e a ir para a mesa de café. Conversamos sobre o que havia sido nosso casamento após aquele primeiro ano morando juntas oficialmente, compartilhando a vida de uma forma que nunca havíamos experimentado. A conclusão foi de que havia sido intenso, lindo e a confirmação do que queríamos para nós. Marielle queria viver até os 100 anos, e mencionou quais eram seus planos para "depois que eu morresse", como ela mesma disse, me arrancando gargalhadas. Tinha planos para depois da minha morte em sua velhice. Já eu não, eu ria com os planos dela e deixei claro que não queria viver nenhum dia a mais sem ela, e portanto, embora eu fosse mais jovem e tivesse hábitos muito mais saudáveis, eu estava em paz com a ideia de morrer antes dela. Brinquei dizendo que era o primeiro dia do ano e ela estava me matando, mas que se ela fosse viver cem anos, então, eu queria viver os cem menos um dia, para não ter que sofrer com a morte dela. Rimos, fizemos planos para aquele ano que se iniciava e sonhamos com os muitos anos que viriam pela frente e em que nós estaríamos juntas. Conversamos sobre o planejamento da nossa festa de casamento falando de como nos vestiríamos, da música que tocaria quando caminhássemos para o altar à beira-mar. Falamos do plano de sermos mães juntas, desejo esse que Marielle queria muito realizar, mas não tínhamos decidido ainda por um receio meu. O projeto da maternidade ainda estava em discussão, e de qualquer forma seria para depois de 2020, quando o mandato de vereadora terminaria e possivelmente ela seria reeleita. Vislumbramos seus planos para política e tentamos especular e antecipar quais seriam seus desafios. Meu mestrado e meu sonho de ser professora universitária também foram assunto naquela mesa onde o futuro estava posto. No último dia de 2017, Marielle postou em seu Instagram uma foto nossa na cachoeira com a legenda: "Gratidão 2017. Vem 2018!!! #M2." Dois mil e dezoito veio, o que eu não imaginava é que ele jamais passaria.

Rio de Janeiro. 18.05.2017

"GOSTO E PRECISO DE TI,
MAS QUERO LOGO EXPLICAR,
NÃO GOSTO PORQUE PRECISO.
PRECISO SIM, POR GOSTAR."
                    MÁRIO LAGO

20 DE FEVEREIRO DE 2004. EU LEMBRO DE ESTAR SENTADA NA PORTA DA IGREJA EM CIMA DA MINHA MALA, ONDE ESTAVA MINHA FANTASIA DO CARNAVAL, QUANDO VI A PERSONIFICAÇÃO DO QUE VIRIA, MUITO EM BREVE, A SER O AMOR DA MINHA VIDA. EU LEMBRO DA LUZ, LEMBRO DO CHEIRO DO CABELO QUE LOGO SENTI AO ME COMPRIMENTAR, LEMBRO DO TOM ESVERDEADO DA BLUSA AZUL CLARA, LEMBRO DA CRIANÇA QUE CORRIA A SUA FRENTE, MAS SOBRETUDO, EU ME LEMBRO DO SORRISO E DE COMO MEU ESTOMAGO REVIROU E MEU CORAÇÃO DISPAROU AO VER "AQUELE" SORRISO. SE EXISTE AMOR A 1ª VISTA?? NÃO SEI, TALVEZ AQUELE MOMENTO NÃO FOSSE A PRIMEIRA VEZ, DADO QUE A EIDÉTICA DO AMOR "INSTANTÂNEO" NÃO PODERIA CABER NO CORPO. UMA VIDA APENAS NÃO CABE PARA EXPLICAR TANTO QUERER.

AS MÃOS DO DESTINO FEZ O QUE NOSSAS ESCOLHAS DITARAM A VIDA A FAZER. O TEMPO, PACIENTE, SÁBIO, DITOSO, RETOMOU O QUE JAMAIS PODERIA SER SEPARADO. E AINDA QUE O TEMPO SE DESCOMPASSE, SE PERCA

Carta de Monica para Marielle

E mude tudo novamente não será razão para separar. Nada pode dividir o indivisível!

13 anos depois o que foi sonhado, ensaiado, desejado, se concretiza. Como nada, nunca foi fácil, até aqui, as dificuldades são dramáticas, reais e testam diariamente a vontade do "permanecer". Mas o amor permanece, a paixão permanece, o desejo de caminhar juntas permanece.

Não te amo mais como amei à 13 anos, posto que de muitas outras formas me moldou a vida. Te amo como a quem, por uma eternidade, não se deixou de amar.

Te amo como a quem não se pode deixar de amar enquanto tiver em si a chama da ventura de Deus. Não poderia te amar de outra forma se não posso ser inteira sem você. Te amarei sempre para seguir me amando, entendendo que nada no meu mundo é completo sem você.

Não há hoje uma ocasião especial que justifique "meu textão" rsss... A única ocasião especial é a que eu vou te entregar isso na NOSSA casa, é que vamos dormir juntas sem preocupação, é que poderemos seguir juntas pela manhã! Houve um tempo que isso era só um sonho, e se hoje é real devemos celebrar diariamente. Feliz mais um dia meu amor.

Te amo.
Beijo
A.D.S.V.

Eu ñ sou culta como você. As letras de músicas. Poemas. Esculturas e desenhos pra illustrar estes pensamentos estão aqui dentro do meu coração e em cada ato ou decisão. que tomamos ao superar tudo e todos para ficarmos juntas.

E que assim seja.

BEIJU

Bilhete de Marielle para Monica

♥ 49 curtidas   💬 1 comentários

22 de setembro de 2016

Faltam 10 dias... Agora é pra fazer valer. A cidade vai ser nossa.

#Marielle50777
#Freixo50
#PraFazerValer
#ACidadeVaiSerNossa

♥ 610 curtidas 💬 12 comentários

28 de janeiro de 2017

Foto de um dia desses...

"O casal feliz que se reconhece no amor desafia o universo e o tempo; basta-se, realiza o absoluto", Simone de Beauvoir.

Só o absoluto nos interessa. #M2 #ADMV

 marielle_franco ✓ Já diria Rosa de Luxemburgo, "Seremos felices, después de todo, debemos serlo". #SADMV

362 sem   129 curtidas   Responder

♥ 417 curtidas   💬 7 comentários

25 de março de 2017
In foco.
#M2 #ADMV

 marielle_franco ✓   Muito amor in foco.
In loco. Somos loucas que se amam.
354 sem   90 curtidas   Responder

———   Ver respostas (1)

♥ 858 curtidas   💬 15 comentários

21 de maio de 2017

"Espiou sem ver a monotonia quieta do domingo, depois voltou--se para dentro, ficou ouvindo o silêncio", C.F.A.

#nossafamíliaexiste #ADMV #M2

 354 curtidas   22 comentários

27 de julho de 2017

"Marielle, não faz declaração de amor no vidro porque vai manchar." Isso foi o que eu disse quando ela desenhou o primeiro coração. Depois ela fez todos os outros porque ela é assim; intensa, exagerada. Em 2004, quando a conheci, desde o primeiro instante, o exagero dela me encantou de forma desconcertante. Eu ainda não sabia o quanto ela iria mudar o rumo da minha vida. "MA-RI-E-LLE (COM 2 L's)" é como ela se apresenta. Não fosse eu ter criado um jingle musical na minha cabeça com o nome, acho que jamais teria gravado. Mas não faria diferença... Antes mesmo de gravar o nome eu já estava completamente apaixonada, e acho lindo perceber que essa paixão se renova diariamente em cada olhar.

Parabéns, meu amor. Que Deus lhe conceda muita saúde e força para você continuar sendo essa mulher-maravilha que você é diariamente. Obrigada por ser para mim um exemplo de força e determinação. É uma honra dividir esse mundo, essa vida, essa história de amor com você. Te amo. Beju.

#M2 #ADMV

PARTE II

EM PARALELO, DUAS VIDAS

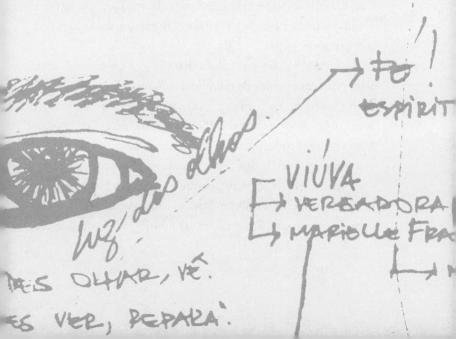

CAPÍTULO 17 – *14 de março de 2018*

NÓS ESTÁVAMOS GRIPADAS. No final da tarde eu comecei a passar mal durante a aula. Senti uma saudade intensa dela e mandei mensagem dizendo que a amava. Fui para casa dirigindo enquanto sentia calafrios e um início de febre. Parei na academia para alongar e tentar fazer o corpo reagir àquela sensação de mal-estar físico, mas não consegui. Fui para casa e no caminho mandei mensagem para ela avisando que pararia na farmácia para comprar remédio. Cheguei em casa e comecei a organizar o jantar.

Marielle avisou que estava deixando os compromissos e indo para casa cuidar de mim. Mandou mensagem quando já estava no carro. Eu entrei em casa e não liguei a televisão nem o rádio. Fui direto para a cozinha enquanto esperava ela chegar. Meu celular tocou com uma ligação da minha prima, o que era estranho, porque ela nunca me ligava.

Atendi com o coração apertado, imaginando que minha prima só poderia ter alguma notícia muito ruim para estar ligando de repente, àquela hora. Do outro lado da linha, ela perguntou se eu estava bem. Respondi que sim e imediatamente perguntei: "Quem morreu?" Ela perguntou se eu estava em casa e eu disse que sim. Perguntei se estava tudo bem e ela respondeu que sim, que só estava ligando para saber de mim, que estava com saudade.

Perguntou se a Marielle já estava em casa e eu respondi que não, mas que tinha acabado de falar com ela e que ela estava a caminho, já deveria estar chegando. Sem esticar muito mais a conversa, desligamos o telefone. Eu havia perdido a hora por um breve momento concentrada no jantar. Quando desliguei a chamada, olhei o relógio e me dei conta de que Marielle já deveria estar em casa. Liguei para ela. O telefone tocou até cair na caixa postal. Meu coração ficou gelado, mas tentei conter o nervosismo achando que não havia motivo para isso, ela deveria apenas ter jogado o celular dentro da bolsa e não estava ouvindo tocar, eu disse para mim mesma antes de ligar mais uma vez, e outra, e outra, e outra.

Eu já estava passando mal de nervoso quando entrou a ligação no meu telefone, era a Lia, uma grande amiga da Marielle. Antes mesmo de dar oi, eu perguntei: "Cadê a Marielle?" Ela não me respondeu e perguntou:

"Monica, você está em casa?"

"Estou. Cadê a Marielle?"

"Vai lá no portão. A Dani está no portão e não está conseguindo tocar o interfone. Vai lá fora."

Eu estava sem blusa em casa, corri até o guarda-roupa e, com as mãos e o corpo tremendo de nervoso, eu mal conseguia abrir a gaveta. Peguei uma blusa e vesti enquanto corria até a porta. Pulei todos os degraus da escada na entrada e corri o mais rápido que pude pelo longo corredor da vila até chegar. Eu podia sentir meu coração batendo em todas as partes do meu corpo e a sensação era de que aquele corredor nunca iria acabar. Eu corria e rezava implorando a Deus para a Marielle estar bem. Antes mesmo de chegar no portão e encontrar a Dani, eu gritava ao me aproximar: "Cadê a Marielle?"

Quando finalmente cheguei ao portão e consegui abrir, olhei para a Dani e perguntei mais uma vez: "Cadê a Marielle? O que aconteceu?" Foi quando eu ouvi a frase que mudaria completamente a minha vida e me arrancaria o coração.

"A Marielle está morta!"

Eu ainda me lembro da falta de ar que senti quando ouvi aquelas palavras. Lembro de sentir meu coração para de bater no peito e o chão sumir debaixo dos meus pés. A sensação de que minha alma havia se descolado do meu corpo. Um flash de imagens intensas me cegou na velocidade de um raio e eu desmaiei. Quando voltei a mim, eu estava na minha sala com a minha prima, que minutos antes havia me ligado. Ela escutou na televisão que uma vereadora havia sido assassinada, e que era a Marielle. Após falar comigo, ela entendeu que eu ainda não sabia e imediatamente, junto com seu esposo, correu para a minha casa. Foi o marido dela quem me carregou pelo longo corredor da vila até a sala. O desespero ocupava cada célula e cada molécula do meu corpo. Eu queria ir até o local imediatamente para entender o que estava acontecendo, mas, em vez de me deixarem ir até ela, me impediam e não me deixavam sair de casa.

Minha mãe, meu irmão, parentes e amigos iam chegando e, à medida que a casa ia enchendo de pessoas queridas, àquela hora da noite, mais a realidade se configurava e mais o meu desespero aumentava. Eu implorava para ir até o local e tudo que ouvia era que eu não deveria ir, que a imprensa e a polícia não me deixariam chegar perto dela, que o lugar já estava isolado. Em um surto de raiva eu comecei a quebrar a casa. Havia uma espécie de altar na sala, de que eu cuidava com muito carinho. Era bastante ecumênico, com imagens de Buda, Jesus, Nossa Senhora Aparecida, São Francisco de Assis, São Jorge, Iemanjá, cristais e incensos. Joguei tudo violentamente no chão.

A imagem de Buda era um presente que Marielle tinha me dado recentemente e eu a bati na parede como quem rebate com um taco de beisebol. Uma ventania começou e as plantas do jardim que eu havia feito para Marielle começaram a voar. Na decoração do jardim havia garrafas de vinho penduradas por barbantes nas paredes onde ficavam as velas para fazer uma iluminação romântica. O vento batia com força as garrafas contra as paredes, e o barulho do vento, das garrafas, das plantas, tudo reverberava o desespero dentro de mim. Não me deixavam ir, e eu não conseguia ficar.

Em um ato desesperado para acordar daquele pesadelo, eu comecei a bater minha cabeça na parede. A dor era intensa, mas não o suficiente para me tirar daquele buraco em que eu estava caindo sem ter onde me segurar. Não entendia por que aquelas pessoas estavam me impedindo de sair. Fui até a cozinha pegar uma faca, tentei enfiá-la na barriga e fui impedida. Eu não podia acreditar que aquilo fosse real.

Eu queria a Marielle em casa e não podia aceitar a ideia de viver em um mundo onde ela não estivesse mais. Eu implorava para ir até o local, precisava estar com ela. Mas não me deixaram e essa é uma das maiores dores que carrego em mim ainda hoje.

Eu estudava sobre espiritismo kardecista naquela época, e eu dizia aos amigos que precisava ir para lá porque a Marielle estava se sentindo sozinha, ela estava confusa quanto ao que estava acontecendo e eu precisava estar com ela. Mas tudo que eu ouvia eram alegações de que a polícia não me deixaria chegar perto, que ela não estava sozinha porque havia amigos nossos lá no local.

"Vamos para lá. Fala pra levar ela pro hospital, os médicos vão ajudar. Leva ela pro hospital, por favor", eu implorava chorando. Mas os olhares de piedade que me cercavam diziam que não tinha jeito. Marielle já estava morta.

"Mataram a Marielle?", eu perguntava insistentemente.

"Não sabemos direito o que aconteceu. O carro dela foi baleado", era o que eu ouvia de resposta.

"Mataram a Marielle? Mataram ela? Mataram a minha mulher? Eu preciso ir pra lá. Preciso estar com ela nesse momento. Eu não posso deixar ela sozinha agora, por favor me deixem ir pra lá", eu implorava. Mas não me deixaram e mais amigos chegavam.

Eu insistia que era a mim que ela queria e precisava ver, que eu precisava estar com ela naquele momento. Mas nada que eu fizesse era o suficiente para me deixarem ir até ela. Foi quando, tomada pela dor e pela exaustão do sofrimento, eu aceitei um calmante. Eu estava recusando tudo porque se a Marielle tinha sido morta eu não podia me anestesiar com nada. Precisava sentir e estar com ela. A notícia de que "o corpo já foi retirado do local" chegou e eu não podia acreditar que aquele corpo em que eu amava me recostar não estaria ao meu lado ao deitar.

Exausta de chorar e sem conseguir ir até ela, aceitei o remédio. Deitei do meu lado da cama sem tirar os lençóis. Me encolhi olhando o travesseiro dela vazio e sentindo uma dor como se meu corpo estivesse se desintegrando em cima da cama. Adormeci. Despertei no meio da noite como quem acorda de um pesadelo e vi Marielle se sentar à beira da cama tocando meus pés. Quando olhei para ela, me levantei rapidamente, sentando ao seu lado e vi a tristeza no rosto dela. Começamos a chorar, e eu perguntei:

"Por que você fez isso comigo? Você prometeu não me deixar."

"Amor, eu não sei o que tá acontecendo. Eu não quero te deixar. Eu não quero ir."

Nos abraçamos chorando juntas, quando ela disse:

"Eu te amo mais que tudo, não me deixa, por favor."

"Eu não vou deixar. Mas você não podia fazer isso comigo. Você tinha prometido."

"Eu nunca vou te deixar. Eu não queria nada disso. Eu não sei o que aconteceu. Não me abandona, por favor."

Ainda estávamos abraçadas quando uma luz branca intensa nos envolveu. Marielle deitou ao meu lado na cama, me abraçando.

Algum tempo depois acordei novamente ainda no meio da noite e percebi a cama vazia. Desesperada, liguei para a Lia novamente. Ela estava a caminho de casa e retornou para dormir comigo.

CAPÍTULO 18 – *O dia seguinte*

15 de março de 2018
A realidade do dia seguinte é muito pior

AMANHECEU UM DIA BRANCO-ACINZENTADO e a claridade me acordou. Quando abri os olhos, eu estava deitada do meu lado da cama com o corpo virado para fora, e a primeira coisa que vi foi minha cabeceira. Os objetos da cabeceira estavam no mesmo lugar de sempre, uma vela aromatizada que eu adorava, e que a Marielle havia me dado no fim de semana anterior, já estava pela metade e a cera um pouco grudada na madeira da mesinha. A cadeira que ficava no quarto também estava como de costume. Tudo, por uma fração de segundos, parecia normal.

Foi quando um lampejo de esperança atravessou a minha mente e me fez acreditar que tudo não tinha passado de um terrível pesadelo. Eu iria virar e encontrar a Marielle deitada do seu lado da cama, ainda dormindo. Eu iria abraçá-la e enchê-la de beijos até ela acordar e contar do terrível pesadelo que tive, nós iríamos nos levantar e fazer a cama juntas, como sempre.

Antes de me virar, ainda insegura, eu joguei o braço para o lado dela da cama sem virar o rosto. Foi quando minha mão aterrissou em um corpo que estava deitado ao meu lado. A esperança me acendeu e eu me agarrei a ela, esperando cada milésimo de segundo para virar por completo.

E quando vi que não era a Marielle, uma dor tão intensa atravessou meu corpo que fez eu me curvar em posição fetal e chorar e gritar de dor. Eu me contorcia na cama sentindo uma dor pior do que a da noite anterior. Era real! Tudo tinha sido real. Mataram a Marielle. Por quê? Por que Deus fez isso comigo? Eram as únicas coisas que eu conseguia pensar e falar. Por que Deus tinha feito isso com ela? Comigo!

***

A casa foi enchendo novamente de pessoas que começaram a chegar para me acolher e me levar ao velório, que aconteceria na Câmara Municipal do Rio, aonde ela ia diariamente para exercer seu trabalho de vereadora. Foi quando me pediram para separar uma roupa que deveria ser levada para vesti-la para o funeral.

Como de costume, eu escolhi cuidadosamente a roupa dela. Separei o vestido que ela havia usado na diplomação como vereadora, aquele que a amiga havia dado a ela de presente, trazido de uma viagem à África. Separei o turbante no mesmo tom terroso do vestido, combinando, como ela gostava de fazer.

Abri a gaveta de calcinhas e separei uma bonita e confortável de que ela gostava e separei as sandálias, que também combinavam com o vestido. Quando fui entregar para que fosse levado até ela, me disseram, avaliando o que eu tinha separado, que a calcinha e as sandálias não eram necessárias, porque não colocariam nela.

"Mas como ela vai ficar sem as sandálias favoritas dela? Como ela não vai usar as sandálias? Ela ama."

"Não precisa."

Caí no chão e comecei a chorar com as sandálias na mão. Eu não conseguia acreditar. Aceitei os remédios que me ofereceram. Eu queria tomar todos de uma vez para morrer e fazer aquela dor passar. Eu precisava estar com ela. Não poderia viver em um mundo em que ela não estivesse mais.

***

Fui levada até a Câmara Municipal. Não lembro por onde entrei. Não lembro de chegar. Quando dei por mim, eu estava em um salão com móveis e cadeiras antigas, e, de cabeça baixa, eu via os pés de pessoas que chegavam e circulavam pelo lugar. Ouvia gritos que vinham do lado de fora do prédio. Eu ainda não tinha visto, mas a praça da Cinelândia estava lotada de gente gritando o nome dela. Quando levantei a cabeça, vi Marinete entrar na sala conduzida por alguém que a sentou em uma das cadeiras antigas. Minha mãe estava de pé ao meu lado quando levantei e fui até a mãe dela.

Ajoelhei na frente da cadeira. Ela estava com as mãos unidas como em prece. Eu coloquei as minhas mãos sobre as dela e, entre lágrimas e voz embargada, reuni forças e disse a ela: "Sua filha é a pessoa que mais amei e que sempre vou amar na vida." Ela me olhou de relance e se levantou sem dizer nada, saindo em direção ao outro lado da sala. De joelhos no chão, de frente para uma cadeira então vazia, eu chorei, lamentando que nem naquele momento de dor o meu lugar na vida de Marielle fosse aceito e respeitado. Ouvi a voz da minha mãe chorando, e ela segurou meu braço dizendo: "Vem, filha, levanta daí."

Todos naquela sala sofriam a perda da Marielle. Cada qual de uma forma única. Uma mãe e um pai perderam uma filha. Uma filha ficou sem mãe. A irmã caçula perdeu a irmã mais velha. E eu perdi o grande amor da minha vida, minha alma gêmea, a mulher que eu mais amei, mais do que a mim mesma. Eu perdi o meu futuro, a minha família. Eu perdi o meu mundo e mais do que a minha razão de viver, eu perdi a minha vontade de estar viva.

Os momentos não vividos em nome do preconceito não trazem redenção. Eu, em algum lugar, de alguma forma, achei que a tragédia poderia desaguar em trégua, aceitação. Não foi exatamente isso o que aconteceu. Não naquele dia.

CAPÍTULO 19 – *União estável*

Até que a morte nos separe?

UM ANO DEPOIS, O MAIS PRÓXIMO de uma conciliação a que cheguei com a família dela aconteceu na assinatura da união estável, que ocorreu *post mortem*. Segui firmemente meu compromisso de que me casaria com Marielle, honrei nossos planos de casamento, ninguém nem nada impediria que isso, de fato, acontecesse. A aproximação com a família de Marielle tinha a ver também com as minhas maluquices com datas e minha necessidade de organização exagerada de tudo, até dos rituais. Obviamente, eu gostaria muito que a família dela estivesse presente, e assim aconteceu.

A celebração da união estável foi muito acolhedora. Nossos amigos, que antes estavam ansiosos e pilhados para nosso casamento, resolveram ir ao cartório participar daquele momento. Foi uma emoção ver todo mundo ali. Foi gente de tudo quanto é lugar e época de nossa vida.

Até um professor amigo meu que não queria ir ao casamento, porque se dizia pé-frio, fez questão de comparecer. Ele apareceu lá meio que se desculpando por ter ido e só me restou fazer uma piada, afinal, o casamento mesmo já tinha dado errado. Ele não precisaria se sentir culpado. Esse momento foi tão acolhedor que me permitiu algum humor. Eu estava entre os meus, e não precisava me esconder nem me esgueirar.

A leveza do dia se deu pelo encanto de ver todos os amigos chegarem. Todos ao mesmo tempo. Ninguém esperava aquilo. O pessoal do cartório se comoveu. Todos se comoveram, até Luyara e Marinete, que estavam ali só para assinar um documento e se depararam com aquilo tudo. Teve amigo dançando, cantando, estourando espumante, brindando ao nosso amor.

Foi tudo lindo, tão lindo, que me bateu mal em um certo momento. Senti muita tristeza por não estar vivendo aquilo com ela, por ela não estar vivendo comigo aquilo que ela tanto quis. Cheguei a dar um soco na mesa de tanta dor que senti ali. E foi nessa hora, com a sala toda ouvindo, que eu disse a Marinete:

"Isso aqui é a realização de um sonho da sua filha, não só meu. Ela, na verdade, é quem mais fazia questão desse papel assinado. Estamos aqui hoje concretizando um sonho da sua filha, que ela queria em vida, não se trata de um documento qualquer."

Ela me ouvia calada, e eu continuei:

"O que a senhora está tendo aqui é uma rara oportunidade de respeitar o desejo da sua filha. Um desejo que a senhora não proporcionou a ela em vida. É a realização de um sonho dela.

Que só faz sentido com a sua bênção. Tenho a sua bênção, dona Marinete?"

"Tem", ela disse.

A sala caiu em prantos. Eu fiquei totalmente tomada pela dor e pela emoção.

Todos então assinaram o papel e eu fui a última a assinar. Depois dali, foi alegria e comoção geral. Brindamos e cantamos uma música da igreja com todos de mãos dadas. Até o pessoal do cartório quis participar da cerimônia improvisada. Muitos sorrisos e choros, e fechamos aquele momento como merecíamos. Ali, mesmo sem ela, consagramos a nossa família, perante o Estado, perante Deus, os nossos pais e amigos. Ali, naquele dia, eu fiz os votos de que a morte jamais me separaria do amor.

CAPÍTULO 20 – *Desespero*

ERAM MUITAS AS INFORMAÇÕES que vinham, boas e ruins. Muitas fake news sobre a Marielle estavam circulando, a primeira delas já estava rodando a internet antes mesmo de o corpo dela ser retirado de dentro do carro no local do crime. Eu pedia às amigas para me pouparem, para receber só mensagens bonitas. E recebia, muitas, de todos os cantos do mundo. Comecei, então, a falar dela para não ter que falar de mim. Quanto mais eu falava de tudo que ela era para mim e como nos amávamos, menos parecia real aquele pesadelo.

Como se diz que só se morre de fato depois do esquecimento, eu entendi que não podia deixá-la morrer, e isso, de certa forma, me deu força. No entanto, um processo muito difícil se iniciou para mim. Marielle nunca mais estaria nos meus braços? Nunca mais eu dormiria com seu corpo colado no meu enquanto sentia o cheiro do seu cabelo, da sua nuca? Eu nunca mais a veria sorrir com aqueles dentes tortinhos centralizados que eu achava lindos? As memórias eram tudo que tinha me restado da minha mulher? A mulher que eu perdi e passei a não reconhecer nas milhares de imagens espalhadas pelos muros da cidade. Minha mulher não era a vereadora Marielle Franco, minha mulher era Marielle Francisco, meu Chicão, como eu a chamava quando queria irritá-la.

Uma fake news sobre ela chegou até mim. A imagem era de um cadáver em decomposição. O pensamento sobre a morte física, a matéria, o corpo que eu amava tanto estar virando pó invadia terrivelmente os meus pensamentos. Marielle estaria sumindo? Toda quarta-feira eu ia ao cemitério, passava as tardes deitada em cima do túmulo dela e só ia embora quando estava na hora de fechar. Rezava, dormia, escrevia, chorava, descansava. Ali eu não pensava no que estava acontecendo bem debaixo de mim, o corpo da Marielle se desfazendo, mas eu estava lá, como uma sentinela fiel. Atormentada pela culpa de não ter estado ao lado dela no momento em que as balas entravam em sua carne roubando-lhe a vida, por não ter podido ir até o local ver seu corpo e me fazer presente para seu espírito.

Sentada em uma poltrona antiga na qual me colocaram na cabeceira do caixão ainda fechado, eu perguntei:

"Que horas vão abrir o caixão?"

"Não vai dar para abrir o caixão. Não tem condições."

Foi o que o ex-cunhado dela me respondeu. Eu o segurei pela gola da blusa e lentamente o puxei até a direção do meu rosto, ainda sentada, e disse: "Ou vocês abrem o caixão ou eu vou jogar ele no chão e não me importa o que vai acontecer. Eu preciso ver se é ela quem está aí dentro. Se eu não olhar pra ela, eu vou passar o resto da minha vida sem acreditar nisso."

Marielle foi assassinada com quatro tiros. Três dos projéteis perfuraram seu rosto e atravessaram sua cabeça. A maquiagem feita pela funerária para reconstruir o rosto dela a deixou irreconhecível. Por uma fração de segundo, eu acreditei que tudo não passava de um engano. Não era a minha Marielle. A maquiagem pesada, a ausência de energia, ausência da luz própria que ela tinha e iluminava tudo ao redor. Não tinha nada dela ali. Tudo não passava de uma confusão, não era a Marielle!

Eu me neguei a acreditar, e quando me distanciei do caixão, dando alguns passos sem destino, caí no chão. Desmaiei e acordei na enfermaria. À base de calmantes, que me deixavam com os pensamentos lentos, guardei poucas memórias daquele dia, mas a dor, a dor dilacerante, dessa eu lembro diariamente.

***

Eu não podia evitar pensar que ela estava virando poeira no espaço. A minha obsessão por ela – pelo corpo dela, pela falta física que eu estava sentindo – era tão grande que eu por vezes me desesperei ainda mais.

Em uma tarde quente eu estava em casa bebendo para não ter que lidar com aquela dor, aquela realidade, aqueles pensamentos torturantes. Em um misto de raiva e dor, fui até o cemitério onde a Marielle está sepultada levando na mochila uma marreta e uma garrafa de vinho. Eu estava desesperada e cega, eu queria destruir a sepultura e olhar para ela, abraçá-la mais uma vez. Desde o velório, as lembranças e ideias confusas se misturavam na minha cabeça. A ideia de que não poderia mais tocar o corpo dela me enlouquecia. Eu achava que se a tirasse daquele túmulo poderia reencontrá-la, poderia levá-la de volta para casa.

Então, me vi fazendo algo plenamente impulsivo e irracional. Ali estava eu, no cemitério, com uma marreta em punho pronta para quebrar aquela tampa de concreto que me separava da minha mulher. Suspendi a marreta no ar e respirei para golpear com toda minha força, mas uma coruja passou voando baixo sobre a minha cabeça e pousou em um túmulo do outro lado da quadra, fixando, atenta, seus olhos em mim. Aos prantos, eu soltei a marreta sem atingir a pedra e a larguei no chão. Peguei na mochila a garrafa de vinho e comecei a beber direto no gargalo sentada ao lado da sepultura. Naquela noite eu não a deixaria sozinha. Sem a interferência de nenhum funcionário do cemitério para me conduzir para a saída, dormi em cima do túmulo dela sob o céu estrelado.

CAPÍTULO 21 – O *alcoolismo*

SEMPRE TIVE MUITA DIFICULDADE de relatar o que aconteceu na minha vida depois de 14 de março de 2018. Luto. Negação. Anonimato. Necessidade de assimilação. Fuga da realidade. Eu não conseguia fazer nada, existia só no automático. Simplesmente me mantive à espera. Não sabia o que fazer com a metade de mim que não morreu. Sentia vergonha dessa metade ainda viva, que, mesmo sem eu querer, permaneceu. Não havia razão para nada. Fiquei sem chão, sem ar, sem ela.

Constrangida por acordar dia após dia e ela não, mergulhei numa depressão física mesmo. Tinha uma profunda culpa por poder sentir prazer, por estar viva. Parei de comer, beber, fazer atividade física, até de tomar banho. Sequer vestia as roupas de que gostava. Tudo que era bom, que fazia eu me sentir bem, foi interrompido. Os dias passavam e eu não tinha qualquer condição de me manter. Eu era a própria fragilidade humana em quase um mês de completa privação. Em quinze dias, perdi 14 kg. Não queria mais comer nem beber, eu não queria mais nada.

A minha fragilidade estava alarmante. Uma nutricionista que me acompanhava na minha rotina quase que de atleta montou um plano alimentar para mim buscando que eu aceitasse consumir algo para não perecer completamente. À base de suplementos misturados com água porque, com leite, não podia. Com leite eu poderia gostar e eu não queria mais gostar de nada. Nem risoto me parecia palatável, a comida que eu mais gostava de preparar para a gente. Nem nada. Me privei de qualquer prazer, me isolei, cheguei a pesar 49 kg mesmo com os meus 1,76 m de altura. Toda a minha estrutura óssea estava aparente. O desejo de atentar contra a minha própria vida era muito forte, até que cheguei a uma tentativa de suicídio que quase me levou a uma internação.

O álcool sempre foi uma fuga para lidar com emoções que eu não sabia como trabalhar. Comecei a beber cedo, ainda no ensino médio, mas socialmente. Achava que era mito essa coisa de ter amnésia alcoólica. Na faculdade, eu bebia bastante, sempre tive resistência para a bebida, e tinha fama de ser "dura na queda", então, bebia mais. Gostava da fama e, mais ainda, gostava de beber, me divertir, ver os outros passando vergonha e testemunhar minha resistência lembrando de tudo e, aparentemente, não saindo do controle. Assim, me convenci de que não havia excessos para mim, eu era uma pessoa controlada e que tinha uma capacidade fisiológica de beber mais que a maioria. Bebia por euforia, mas também muitas vezes por tristeza. Em vários momentos, bebi para não enfrentar a solidão, a insegurança, a timidez e a ideia de que não conseguiria amar e ser amada plenamente. Em outros, para aliviar os problemas, para esquecer. Nas idas e vindas com Marielle, bebia para tomar coragem e mandar mensagem. Bebia para tomar vergonha na cara e não a procurar mais. E passei a beber até apagar e não lembrar de mais nada do dia anterior.

Quando entrei em um quadro depressivo, me sentindo muito sozinha em casa, no início do mandato da Marielle, passei a beber com os amigos do mestrado para adiar a chegada em casa. Quando não, ficava no bar na frente da nossa casa, no botequim do "seu Zé", bebendo cerveja e batendo papo com quem estivesse por lá. Eu não conseguia lidar com as minhas emoções, com a tristeza e a frustração, sem subterfúgios. Nessa época, o álcool parecia segurar aquilo de que eu precisava, algum humor e um pouco de sociabilidade. Não foram poucas as vezes em que Marielle acordou de madrugada e, ao não me ver na cama, saiu de casa de camisola, atravessou a rua, pegou a minha mão e disse: "Chega, vamos embora para casa", ela saía levando Maddox no braço e segurando a minha mão.

Ela mesma nunca foi de beber, não gostava de perder o controle de si, e nas raras vezes em que se permitia, ela bebia uma caipirinha bem doce e pedia gelo a noite toda, até a bebida parecer uma água suja com açúcar. Nessa época do mestrado, já na terapia, fui alertada pela terapeuta de que eu tinha um problema com álcool. Eu tinha certeza de que podia me controlar quando quisesse, porque passei a vida inteira alternando entre o excesso na bebida e as tentativas de levar uma vida mais equilibrada e saudável. Minha própria concepção religiosa pedia essas pausas, me dava a dimensão do cuidado com o meu corpo e, consequentemente, com a minha alma.

Mas não se trata de conseguir dar tréguas, o alcoólatra não é só aquela pessoa que cheira a cachaça e bebe perfume, que está largada na calçada bêbada constantemente. Se você bebe apenas nos fins de semana, mas passa a semana inteira esperando para beber, você tem questões. Se você só consegue se divertir consumindo álcool, você tem uma dependência. E se mesmo dando intervalos longos de sobriedade, você volta a beber e não consegue estabelecer um limite, você também não está no controle. O álcool é a droga mais sociável que existe. É incentivada pela indústria e pela mídia, mas sem nenhuma contrapartida a um diálogo aberto na sociedade em relação a prevenção ao vício e redução de danos. É um tabu e, como em todo tabu, a primeira coisa que o alcoólico faz é não falar sobre isso, é negar sua condição de dependência e querer fugir desse debate, afinal, imagina viver neste mundo sem uma bebidinha para ajudar a relaxar.

Alguns meses depois da morte da Marielle, quando voltei a beber, não se tratava mais de prazer ou de fuga, entrei ativamente em um processo de autodestruição. Eu havia me convencido de que essa seria uma alternativa de suicídio silenciosa e discreta, menos dolorosa para os que me amavam e, quem sabe, quando eu finalmente conseguisse, ainda poderia dizer que não tinha sido proposital. No espiritismo kardecista, religião que estudei por anos e a doutrina religiosa de que fui mais próxima, não há perdão para o suicídio. Eu jamais voltaria a reencontrar Marielle se me matasse, mas cheguei a acreditar que o álcool poderia ser um pecado menos grave, que apenas aceleraria o processo.

Acordar sem ela ao meu lado sempre foi a parte mais difícil, porque era reviver todos os dias a confirmação de que não se tratava de um pesadelo, mas da vida que agora eu teria que carregar como um fardo, como a maior de todas as nossas despedidas. A maior parte da vida foi em um amor entremeado de pausas, esperando por um final feliz que muitas vezes foi desacreditado, e quando parecia que as coisas estavam finalmente consolidadas, tudo se desfez como fumaça. A morte te dá uma dimensão muito profunda de que tudo é muito frágil e pode, de repente, deixar de existir. Então, acordar e levantar não parecia fazer mais tanto sentido. Por quê? Para quê? Para quem? Ter um amanhã e um depois não faz exatamente diferença, tudo acabava em dor e morte. A morte se tornou uma companheira sádica que, mesmo que eu implorasse para que me acolhesse em seus braços, apenas me observava de perto.

Então, eu acordava e a dor da ausência dela na cama era dilaceradora. Eu precisava acabar com aquilo. A primeira coisa que fazia era ir até a geladeira para ver o que havia de álcool para beber; álcool no café da manhã; álcool como a única refeição. Essa rotina também servia para que eu lidasse com a quantidade de informações que chegavam, para lidar com as mensagens de carinho que me lembravam da dor, para lidar com a ausência de respostas que me levavam à dor, para lidar com a necessidade de ir à luta por justiça que me fazia reviver o tempo todo a dor. Tudo na minha vida parecia girar em função do luto, eu não sabia mais quem era para além da viúva justiceira, e não queria ser mais nada.

Um dia, cansada de acordar na dor, comecei a beber e a conversar por mensagem com o David Miranda, que se tornou um amigo inestimável no meu processo de luto. Ele estava em sessão no plenário da Câmara Municipal do Rio, em que tivera Marielle como colega de bancada do PSOL, ainda vereador da cidade. Eu tentava divagar sobre aquela saudade dilacerante, sobre a falta de significado nas coisas que deveriam ser feitas pela rotina, e nada fazia o menor sentido. David me consolava, tentava me fazer acreditar na vida e me distrair. Mas, naquele dia, não funcionou.

Bêbada, tomada pela melancolia e pela apatia, resolvi tomar todos os remédios psiquiátricos que tinha em casa. Nessa época, ansiolíticos e antidepressivos se acumulavam. Tomei todas as caixas e terminei uma garrafa inteira de whisky, deitei na cama para esperar e continuei a falar com David. Até que ele perguntou por que eu estava falando de modo tão desconexo e esquisito. Eu não tinha tomado uma decisão pensada, eu só queria que a dor parasse um pouco.

Depois disso, só me lembro de acordar completamente vomitada, com David debruçado sobre mim, pingando de suor, me chamando pelo nome e enfiando o dedo na minha goela. David me salvou. Quando percebeu que eu não estava no meu estado normal e que tinha parado de responder suas mensagens, ele abandonou o plenário, chegou na Tijuca e, sem conseguir falar comigo pelo telefone, pulou um muro alto, sabe-se lá como, que dava acesso à cozinha, onde a porta ficava sempre aberta. Me encontrou na cama desacordada e completamente dopada. Induziu o vômito, me levou ao hospital e jurou que nunca contaria a ninguém sobre esse episódio. Eu não queria que ninguém soubesse, não queria que as pessoas ficassem ainda mais preocupadas comigo.

Para mim, era constrangedor ser cuidada, pois me sentia incomodando as pessoas, mas todos sabiam que, sozinha, eu oferecia risco para mim mesma. Por alguns meses, havia um grupo de amigas e amigos que se revezavam para passar as noites comigo, e eu os chamava carinhosamente de "Liga das Babás". Eram várias pessoas queridas que me ajudavam a fazer as tarefas mais básicas como tomar banho e tentar me convencer a comer algo. Eu já estava muito dependente das pessoas. Financeiramente, porque não conseguia mais pagar o aluguel da casa sozinha, e os amigos faziam vaquinha para me ajudar. Emocionalmente, porque não suportava a solidão daquela casa, porque não conseguia me manter fisicamente estável, não conseguia ter energia para limpar os cômodos ou me lembrar de comer. Ainda sabendo do tamanho da minha fragilidade, era extremamente constrangedor ter tanta gente evitando que eu me destruísse, quando isso não era algo com que eu me importava tanto.

No início eu tomava uma série de antidepressivos, mas não consegui me adaptar, a sensação de entorpecimento e paralisia me irritava. As muitas viagens que passei a fazer para denunciar o crime impediam que eu conseguisse seguir os horários dos remédios. Em várias delas, sem saber falar nenhuma língua estrangeira e constrangida, o álcool era uma válvula de escape para lidar com as pessoas e os eventos, o álcool estava sempre ali disponível para aliviar algo, me deixar mais sociável, ou me distanciar da dor. A fama de beberrona pegou e passou a ser o modo de as pessoas me receberem bem. Mandavam álcool de presente de boas-vindas nas viagens, me recebiam em aeroportos com bebida.

A aparência de relativa sobriedade faz com que as pessoas não percebam que você tem um problema com a bebida. Você não dá vexame, não vomita a festa toda, parece apenas mais animada e sociável, logo, o álcool é um bom amigo. Tive momentos mais complexos que delatavam mais o problema, mas os excessos nunca são solitários, então muitas vezes são perdoados e viram "histórias para contar" em grupo. Mas a verdade é que o vício te transforma, é uma doença progressiva, que escalona com o tempo, independentemente das pausas.

Só a abstinência te mostra isso de verdade. Quando David foi internado, em agosto de 2022, eu prometi que ficaria um ano sem álcool para ele ficar bem. David foi durante muito tempo um parceiro de copo, festas e uma das pessoas mais importantes enquanto eu lidava com o assassinato de Marielle. Ele nunca me julgou e sempre me fazia ver o copo meio cheio, em todos os sentidos. A promessa, então, era a dívida que eu tinha com ele por ter salvado a minha vida anos atrás. Mas, especialmente, era um ato de desespero, muito mais por mim do que por ele, para ficar sem o álcool, entendendo que eu precisava de ajuda. Eu sabia que precisava, e ele também.

Na minha cabeça, quando ele ficasse bem e me chamasse para beber, eu diria que não podia, porque a promessa era pela vida dele. Se eu não conseguisse por mim, por alguém que eu amava, tinha certeza de que seria capaz. Eu nunca fui de quebrar promessas, isso faz parte da minha personalidade metódica, faz parte da minha espiritualidade, e sabia que esse seria um caminho; querendo salvá-lo, eu salvaria a mim mesma.

Os primeiros dias são difíceis, mas você lida com eles racionalmente. Só quem é alcoólatra sabe que viver em sobriedade não depende apenas de força de vontade. Conforme vai passando o primeiro mês, os sintomas vão se acentuando, as crises de ansiedade aumentam muito, o humor já não pode mais ser atenuado pela droga, a sobriedade exige que você lide com suas emoções, com a sensação de morte e tristeza profunda, porque o álcool é uma droga depressiva, e as tremedeiras fragilizam o corpo.

Mas o pior é que a sociedade não consegue lidar com uma pessoa em recuperação. Você diz que é uma alcoolista em recuperação e as pessoas riem, dizem que você é exagerada, fazem piada sobre elas mesmas e seus abusos. Em todos os lugares, o álcool é um convite aberto, exposto e sem nenhum aviso de risco. Depois de algum tempo em abstinência, a mente passa a te convencer de que você já conseguiu se controlar e as recaídas se tornam mais tentadoras. A ideia de ficar sem beber para sempre parece impossível em uma sociedade em que o álcool é algo tão natural e presente. Você espera atingir uma meta para estar pronto para ter uma boa relação, mas quando identifica o problema, esse retorno já não é mais possível. Você é como uma vela acesa, como costumam metaforizar nas reuniões do AA. A vela pode até se apagar por um tempo, mas assim que você retorna, ela não regenera mais, a cera continua a ser consumida do mesmo lugar. Por isso, uma ideia importante é pensar em um dia de cada vez, em mais um dia, se manter no presente, só por hoje.

David Miranda passou nove longos meses internado lutando pela vida. Eu ia visitá-lo diariamente, por vezes a morte se aproximava, mas David, como sempre, surpreendia a todos com sua força e teimosia. Em três momentos os médicos não tiveram esperança e pediram que nós fôssemos nos despedir dele, mas ele imediatamente apresentava sinais de melhoras, deixando os médicos sem argumentos racionais suficientes. David ganhou o apelido de Fênix das enfermeiras do hospital. E naquela luta dolorosa de ver meu amigo morrendo lentamente em uma cama de hospital, eu estava devastada, mas me mantendo sóbria por ele e por mim. Nove meses e três dias após a sua internação, na véspera de seu aniversário de 38 anos, David foi encontrar Marielle.

Depois da morte do David, no segundo luto violento pelo qual passei, cinco anos após a perda da minha mulher, eu tive que lidar com a perda do meu melhor amigo. Mas com a morte de David a promessa da sobriedade se encerrava, ela não teria mais por que se manter, já que ele havia partido. No entanto, eu não podia voltar a andar em direção à morte, ainda mais depois de ter visto de perto a força do meu amigo ao desafiá-la lutando heroicamente por sua vida. A morte não poderia mais me vencer, eu não podia agir com tanto cinismo comigo mesma, não depois de toda a dor do luto da minha mulher, não depois de tudo que David e eu havíamos passado juntos. Mas cedi à tristeza e encontrei, na minha solidão de ter perdido mais um grande amor, motivo plausível para recair e voltar a beber.

Só que dessa vez eu tinha consciência do mal que estava me fazendo e sentia culpa por não consegui resistir. Então, depois de perder tudo que perdi e ver o quanto o álcool não tinha me ajudado, mas, muito pelo contrário, decidi manter a sobriedade.

Ainda há um longo caminho pela frente, mas é preciso falar sobre ele, mesmo sabendo do peso que é ser uma pessoa pública, uma parlamentar, admitindo a dependência. Faço isso neste livro porque ele é principalmente sobre, diante da morte, persistir na vida e no amor. É sobre resiliência, palavra que nós três, Marielle, David e eu, gostávamos de dizer que era nossa, nosso elo em comum. Essa palavra difícil e bonita da qual aprendemos o significado escolhendo viver dia após dia. Viver por todos aqueles que se foram, mas também por nós.

CAPÍTULO 22 – *David Miranda*

Maridú

APÓS A MORTE DA MARIELLE, fui cercada por pessoas queridas preocupadas com meu estado, tive muito suporte de todos os lados, fui blindada de todas as mensagens de ódio e das mentiras que espalhavam em seu nome, tive quem cuidasse de mim desde o primeiro momento, quem se levantasse pela minha voz quando não tinha forças ainda para gritar. E eram quase todas mulheres, que se dispuseram a me acompanhar e me auxiliar de perto, mas eu não poderia deixar de falar do David.

David e Marielle eram muito amigos, e quando o luto se concretizou, ele mergulhou comigo na profundeza da minha dor. Não era um amigo, mas um irmão, a ponto de ocupar o posto de *maridú*, como eu carinhosamente o chamava. Porque David quis me ver na crueza que aquela situação me deixou, como quem dizia: "Eu estou vendo você e eu ainda acredito que você pode passar por isso." David me viu nas piores situações e não quis me dissuadir em nenhuma delas. Quando eu perdia o controle e me afundava em distrações, álcool e loucuras, David ia comigo. Nos falávamos religiosamente todos os dias de manhã por videochamadas. Ele era o próprio sol dentro da noite mais escura que vivi.

    David sempre se sentiu conectado com os deuses do Olimpo, se intitulava filho de Apolo e Ártemis, e em junho de 2018, em uma tentativa de me tirar daquela rotina monotemática que me fazia reviver a dor a todo momento, me levou junto em uma viagem pela Europa que teria como principal destino a Grécia. Eu tinha receio de ir, não queria ouvir as especulações que as pessoas fariam sobre a viúva que já teria superado, sobre a viúva que estaria se divertindo à custa da morte da mulher. Eu vivia em função do luto e, ao mesmo tempo, achava que era só isso mesmo que tinha me restado para viver. David insistiu, pagou tudo. Passagem, hospedagem, cada cerveja, tudo. Eu não iria a mais uma viagem por justiça por Marielle, mas ele queria me levar para uma viagem em que eu pudesse ver que o mundo era imenso, ele sabia do quanto eu precisava crer que o mundo era maior do que aquilo que eu conseguia enxergar e sentir naquele momento.

    Assim como fazia todas as vezes que o tempo ficava nublado, ele me trouxe o sol como uma promessa de que a vida amanhece todos os dias, independentemente do que aconteça. David amanhecia sempre. Juntava os dedos apontando para o céu e vociferava sua crença em Apolo e o sol, milagrosamente, sempre voltava. É sério, não é uma metáfora, e nunca deu errado. Eu dizia: "Hoje essa mandinga não vai pegar, olha esse tempo fechado!", e sempre pagava a língua. Não faço ideia de como ele fazia isso, mas ele tinha a mesma capacidade de fazer isso também dentro do meu coração.

Um dia, em um ponto muito ao norte do hemisfério, sentamos em uma varanda e bebemos até o dia acabar. O filete de luz no horizonte delatava o início da noite que jamais chegou, porque o sol retornou daquele ponto até o meio do céu, e foi a primeira vez que eu vi o dia nascer duas vezes. Eu sabia que havia uma justificativa astronômica e física para aquele fenômeno, mas na minha cabeça aquilo só podia acontecer porque David estava ali, conduzindo a minha vida em direção a algo quente e luminoso.

Diz a mitologia grega que Apolo, com apenas 1 ano de idade, experimentou ambrosia e se transformou em um homem capaz de matar a perigosa serpente Píton para vingar sua mãe, perseguida pela fera. Assim foi a vida de David. Na favela, os meninos viram homens muito cedo e precisam saber fazer escolhas extremamente difíceis para vingar suas famílias, para fugir das serpentes da desigualdade, da exclusão, da violência, da miséria, da LGBTfobia e do racismo. David venceu todas elas e dedicou sua vida para que outros meninos como ele vencessem também. Ele era fascinado e apaixonado pela mãe. Como Ártemis, desconhecia obstáculos, ia à caça de uma vida melhor e deixou os seus em outro patamar. Mas jamais endureceu. Pelo contrário, David era um teimoso otimista, resiliente, amava a vida sobre todas as coisas. Não foi à toa que, no hospital, a insistência em se recuperar o fez ganhar o apelido de Fênix.

Durante essa viagem para a Grécia, fui com ele até a ilha flutuante de Delos, onde, segundo a mitologia, os gêmeos

Ártemis e Apolo teriam nascido depois de uma intensa peregrinação de Leto, sua mãe, para dar à luz em um lugar que não fosse terra firme nem alto-mar. Amaldiçoada pela esposa de Zeus, que descobriu a traição do marido, Leto se colocou em uma jornada, sem ter onde parir, até achar a ilha flutuante, e ali teve os gêmeos que seriam grandes deuses mitológicos do Olimpo. Lembro de, animada com o passeio para uma ilha, botar um vestidinho tropical e um chapéu para tomar sol. Quando chegamos, o vilarejo era minúsculo e havia um morro para subir cheio de areia e pedras e quase nenhuma vegetação.

Subimos um monte de terra árida e, lá no topo, ficamos sozinhos, em silêncio. A vista era linda, mas o lugar era um templo particular de David. Não tinha nada a ver com o glamour da Grécia ou da própria personalidade dele, tinha a ver com fé, unicamente isso. Nunca tinha visto David tão entregue como naquele dia. Havia um ritual de empilhar pedras que as pessoas faziam, ele estava silencioso e absolutamente religioso. Influenciada por aquele momento sagrado para ele, me pus a rezar também.

Chorei copiosamente, sem conseguir parar. Nessa época, com o efeito de muitos antidepressivos e em uma fase de profunda apatia que o luto também traz, eu tinha dificuldade de chorar. Briguei muito com Deus depois que a Marielle morreu, me sentia injustiçada, não conseguia acreditar em uma força maior capaz de tamanha crueldade. O choro foi como um alívio, meu coração entorpecido pelos remédios, pelos compromissos para não me deixar levar pelas emoções, distensionou e voltou a bater e bombear. Chorei até me sentir fraca.

David me viu chorando, me abraçou, tentou me consolar e, sem obter muito sucesso, apelou. Me mostrou um vídeo de um meme absolutamente aleatório, que me arrancou gargalhadas. Guardei esse momento como um episódio sagrado, no qual David foi meu profeta para expurgar a dor e acreditar em dias melhores, no qual, como Apolo, ele me comoveu com a beleza e a luz do sol.

Todos os dias eu preciso me lembrar de quem David Miranda foi em vida para lidar com sua morte honrando quem ele era. Todos os dias eu visto um sorriso porque sei que é como ele quer me ver. Ouço sua voz em meu coração me dando muitos conselhos para me recordar de quem eu quero ser, de como quero viver. E agradeço por ele ter salvado a minha vida, me salvado de mim mesma quando eu me abandonei, e por ter me mostrado que o mundo é imenso e precisa de gente teimosa.

Meu amigo, meu amor, meu *maridú*, te amo para sempre. Cuida dela para mim. Cuidem-se por nós.

CAPÍTULO 23 – *A mulher que passeia em casa e mora no mundo*

A INDIGNAÇÃO PASSOU A GANHAR LUGAR, misturada à dor. Não foi fácil a transição do *luto* pela morte dela para a *luta* por justiça para ela. Era muito difícil ver a figura da Marielle espalhada por todos os cantos da cidade – sem que ela existisse mais, sem que ela chegasse em casa. Eu tinha sentimentos dúbios em relação a isso.

Os piores momentos para mim eram a hora de dormir (21h era um momento especialmente complicado) e a hora de acordar. Para sobreviver, parar de pensar na minha dor, mantive compromissos, aceitei convites e segui falando dela para não falar de mim.

A morte da Marielle começou, assim, a ser amenizada pela preservação da memória, pela proteção de seu legado. Nisso, achei um estímulo, um incentivo para seguir. E fui, aos poucos, conseguindo estabelecer uma autonomia da Monica Benicio viúva, em luto, para me tornar Monica Benicio mulher, em luta.

Além de cobrar incessantemente os governantes do país por respostas, iniciei uma saga para dar visibilidade ao caso Marielle em nível global. Se parte do Brasil parecia não querer saber o que houve com ela, o mundo parecia disposto a repercutir seu nome e sua luta em busca de justiça.

Começou, então, uma luta solitária, nos muitos quartos de hotel ao redor do mundo para onde fui em busca de eco para o nome dela. Eu passava os voos literalmente escrevendo o nome dela, escrevendo para ela – parte deste livro, aliás, foi escrito em viagens de avião. Durante essas muitas horas de voo, eu me via confrontada por incontáveis pensamentos e sofrimentos intensos, sentia uma solidão dilacerante, mas ao mesmo tempo sentia o início de uma vida nova, inconcebível, inimaginável.

Era curioso. Eu sempre sonhara estar livre, de mochila nas costas – eu lembro de ver gringo mochileiro passando e pensar "que máximo" –, e então me vi em situação parecida, mas peregrinei pelo mundo de maneira tão oposta àquela com que sonhava. Eu me via tão sozinha pelo mundo afora, longe de tudo e em fuga da realidade.

Como eu sempre fui da rua, de sair muito, lembro que meu pai me dizia que eu passeava em casa e morava no mundo. Ele mal sabia. Ninguém poderia prever, afinal. Lembro de imaginar que morar no mundo seria um sonho. No entanto, estava eu ali, vivendo um pesadelo. Até porque comecei fazendo essas viagens sem me permitir diversão, era só trabalho. Exceto com a Mariellinha, a boneca que me fazia companhia.

Mariellinha foi presente de uma amiga, alusão ao gnomo da Amélie Poulain do filme. E eu usei essa boneca para me fazer companhia e para homenagear a Marielle enquanto me despedia e elaborava o meu luto. Eu viajava sempre sozinha, acompanhada de muita culpa. Não fazia nenhuma atividade social, era do hotel para cumprir as agendas, dos compromissos direto para o hotel. E a Mariellinha era, então, uma fuga, uma companhia para não me sentir tão sozinha, e, em alguma medida, eu achava que a Marielle estava representada, estava ali de alguma forma.

Tive que aprender na marra a me posicionar politicamente. Eu tinha em mente tudo que precisava reivindicar por justiça por Marielle, não apenas como familiar, mas como defensora dos direitos humanos no país que mais mata e menos resolve casos de assassinatos a defensores desses direitos no mundo, e não podia ignorar a conjuntura brasileira e a ascensão do fascismo com Bolsonaro.

Sempre gostei muito de ler e me interessava por questões mais acadêmicas relacionadas à sociedade, à história e à luta feminista, em suma, mas fazer análises de conjuntura elegendo os atores da política e conseguir demonstrar as movimentações no complexo tabuleiro da incompleta democracia brasileira não era uma tarefa simples. Então, me dediquei a ler cada vez mais pessoas que admirava na política e a me informar do que estava acontecendo para poder denunciar não só a falta de respostas do Estado brasileiro sobre quem mandou matar a Marielle, mas como isso evidenciava o início de uma fragilização ainda maior da nossa democracia. Como isso reforçava a ascensão da extrema direita brasileira ao poder e a dificuldade de reoxigenação da luta dos movimentos sociais nesse período.

Passei a conhecer movimentos feministas do mundo todo e a entender a centralidade do papel das mulheres brasileiras nas tentativas de frear o conservadorismo no país. Definitivamente, eram as mulheres, desde o Fora Cunha e o processo do golpe contra a Dilma, a organização política mais forte para conter a nova ofensiva fascista. E ao longo desse processo também fui entendendo o que seria de fato aquilo que chamávamos de "Justiça por Marielle".

Afinal, justiça por Marielle não é bem apenas o final de um inquérito policial. Isso o Estado deve aos familiares da Marielle Franco e do Anderson Gomes, à sociedade brasileira e à comunidade internacional. Mas justiça por Marielle só pode se tornar algo concreto quando transformarmos esta sociedade em um lugar onde Marielles possam viver, onde Marielles possam operar na política com toda a sua capacidade, que possam se desenvolver na sociedade com toda a sua capacidade. Sem racismo, sem machismo, sem misoginia, sem desigualdades sociais, sem diferenças de território, orientação sexual, religião, sem todas essas questões que dificultam a vida da grande maioria da população, que impedem as pessoas faveladas de se desenvolverem, impedem as mulheres de chegar ao poder, impedem que as pessoas sejam respeitadas e tenham seus direitos adquiridos de fato.

De alguma forma, lutar por justiça por Marielle me aproximou de uma parte dela da qual eu sempre me distanciei, que sempre senti que apenas margeava. Foi como reencontrá-la, agora na luta, com todas as suas bandeiras e motivos para seguir. Foi aprender com ela, mesmo depois de morta, a importância generosa que ela dava à luta.

Nessas muitas viagens, atividades, falas, eu relembrei muitos momentos com ela que ganharam outro significado. Eu me lembrei do quanto fui contra a possibilidade de ela se candidatar a um cargo estadual, porque temia por sua vida e pela nossa família, e de quanto a pressionei por fazer uma escolha pessoal quando, na verdade, a escolha pessoal que ela podia fazer por nós sempre foi lutar para que famílias como a nossa fossem legítimas e que outras famílias pudessem viver com dignidade.

Tive diversas conversas reconciliatórias com ela na minha cabeça, pedi algumas desculpas, como peço até hoje, enquanto vereadora, quando percebo o que é de fato uma agenda militante de horas de trabalho, pressão e sobrecarga em busca de um ideal de uma sociedade mais justa. Marielle, de repente, dobrou o tempo para me encontrar em um lugar onde pôde me ensinar a importância daquela frase que Tarcísio Motta sempre gosta de evocar: "Só a luta muda a vida." De um jeito torto e muito doloroso, a luta mudou a nossa vida para sempre, mas nos fez também perder o medo de lutar.

CAPÍTULO 24 – *Maddox e Francisco*

QUANDO MARIELLE FOI ASSASSINADA, nossa casa se transformou no meu retrato. Fui abandonando todos os cuidados que tinha antes. As muitas plantas que ajudavam a limpar o ambiente e o jardim, que tinha o pergolado feito por mim e meu irmão com os bambus que havíamos trazido em janeiro do sítio onde passamos o réveillon, foram completamente abandonados, até ficarem irreconhecíveis. As plantas murchas e secas, sem água, caídas depois de ventanias, perderam o viço e a beleza que eu tanto prezava. A limpeza da casa, que antes era uma tarefa meticulosa, virou algo que eu postergava ao máximo. Foram várias as vezes que voltei de viagem e abri uma casa com cheiro de velha, empoeirada e estática no tempo, como se esperasse a vida voltar.

Ao longo dessas viagens que fiz para denunciar o crime, passei a colecionar muitas bandeiras de luta, de movimentos, e ia pregando nas paredes do antigo quarto da Luyara, que havia ficado completamente esvaziado, desde que ela tinha ido embora. Eu não era mais capaz de cuidar dela e ela tampouco merecia viver comigo naquele estado, então, foi morar com a avó.

Assim também fiz com os milhares de presentes que passei a receber com o tema Marielle: quadros, pinturas, fotos, esculturas, arranjos, todo tipo de coisa, eu ia deixando pela casa. As imagens feias e bonitas da minha mulher representada por uma centena de pessoas desconhecidas preenchiam a casinha verde de vila que, àquela altura, mais parecia um museu abandonado.

Consequentemente, Maddox também sofreu com esse desleixo. Ele já era um cachorro idoso e cardiopata, tomava muitos remédios e, conforme fui perambulando na luta por justiça, eu o deixava cada vez mais sob os cuidados de outras pessoas. Uma amiga em especial ajudou muito com ele em seus últimos meses de vida, nos quais ele passou por algumas internações e transfusões de sangue. Era preciso levá-lo na emergência por inapetência e sangue nas fezes. Eu sempre perguntava para a veterinária se ele estava em sofrimento. Ela dizia que não, que os remédios seguravam. Eu continuava a viajar, dando continuidade à luta por justiça. Foram incontáveis cidades ao redor do mundo, a exaustão era física, psíquica, emocional.

Um dia, acordei e Maddox estava com dificuldades para andar. Cansada e vendo tudo definhando, sentei no chão, apoiei sua cabeça no meu colo e conversei com ele. Disse o quanto era grata por ter tido um parceiro tão incrível nessa jornada, por ter ganhado ele no primeiro Dia das Namoradas que passamos juntas e por ele ser testemunha daquele amor e daquela vida. Que ele tinha sido um cachorro muito maneiro, um amigo leal e que eu o amava imensuravelmente, mas que entendia se ele não estivesse mais aguentando. Eu também não estava. E, justamente por amá-lo tanto, eu não queria mais que ele se sentisse responsável por ficar ao meu lado ajudando a segurar as pontas. E então pedi que ele me ajudasse a tomar essa decisão, que não tinha força para decidir sozinha.

Nesse mesmo instante em que conversava, Maddox evacuou muito sangue, cor de fígado, e eu o levei às pressas para a emergência. Já chorando na sala de espera, contei para a veterinária o que tinha acontecido, e ela, após o examinar, disse que ele estava em grande sofrimento, com muita dor, e indicou a eutanásia. Ele estava com os rins muito comprometidos, e prolongar aquilo não fazia sentido.

A veterinária saiu e me deixou a sós por uns minutos com ele. Eu pude agradecer por toda a parceria e dizer o quanto eu o amava. Tive muita sorte de ter um cachorro tão especial quanto ele na minha vida. Fiquei na sala junto com ele durante o procedimento, pensando no quanto o tempo perene das coisas andava me circundando. Eu me despedi delicadamente, sabendo que seria o melhor para ele, invejando a capacidade de dormir um sono tranquilo e acordar em outra realidade. Levei Maddox para ser enterrado sob uma árvore em que eu gostava de brincar na infância, lá na Maré. E voltei para casa. Quer dizer, para o lugar que um dia tinha sido um lar, em que um dia couberam a minha família e o meu futuro, mas que tinha se tornado a fotografia de um mausoléu, cheio de rostos da Marielle por todos os cômodos, sem que nenhum fosse uma lembrança da minha mulher, mas do símbolo que ela havia se tornado. Onde havia todos os rastros do meu sofrimento, descuido e desprazer com aquela vida solitária e vazia. Marielle tinha ido embora, Luyara tinha ido embora e agora o Maddox também tinha ido. Nas paredes, as bandeiras de luta gritavam uma guerra que eu havia escolhido travar com o mundo, muito longe da calma de um ambiente que eu tentava preservar da política, com incensos, luz baixa e velas aromáticas para a Marielle descansar. Nada mais fazia sentido ali, nada. Eu não tinha mais o que fazer naquele lugar.

Então, resolvi fechar as coisas mais importantes da casa num contêiner, com aluguel de R$ 200 por mês. Contratei uma empresa que embalava mudanças e não olhei para trás quando eles chegaram. Não guardei nada, não separei e nem sequer tirei as coisas do lugar. Sempre fiz mudanças minuciosas, separando tudo em caixas intituladas e arrumadas com cuidado e de maneira meticulosa, para facilitar na hora de desembalar e organizar, de preferência para remontar no mesmo dia novamente. A única coisa que eu separei foi uma caixa com as coisas da Marielle, que não iriam para o contêiner para não correr o risco de estragar ou de se perder.

Peguei as plantas que ainda estavam vivas e montei um minijardim para a vizinha cuidar para mim. Fiz uma mala de 23 kg com as roupas e coisas de que precisava para continuar viajando. Chamei amigas e amigos meus e da Marielle para beber na casa no último dia em que estive lá. Fiquei bêbada e acordei no dia seguinte, pintei as paredes que eu havia decorado para Marielle, bati a porta sem olhar para trás e encerrei, com dor, a minha despedida do meu lar.

Assim, fiquei meses viajando, alternando poucas estadas em Brasília. Ora na casa de algumas pessoas, ora já morando com a Talíria no apartamento funcional e trabalhando na liderança do PSOL. Mas Brasília era sufocante para mim.

Aquela vida completamente desconexa, sem familiaridade. A sede de poder que nunca me deu respostas sobre por que a minha mulher tinha sido assassinada. Foi uma época estranha. Eu não gostava de Brasília, a minha rede de afeto estava no Rio. Sentia falta da praia – quando o dia está ruim, sempre busco o mar. Não ter essa oportunidade me causava angústia. Em Brasília, tudo parece muito igual, as quadras são todas semelhantes, eu andava de um lado para o outro e me sentia no mesmo lugar. Quando tinha insônia, de madrugada, não encontrava nenhum lugar para tomar uma cerveja. Eu não me encontrava ali.

Não conseguia trabalhar direito e sentia culpa, não conseguia me relacionar plenamente com as pessoas e sentia culpa, não conseguia absorver Brasília. A ideia de estar ali por segurança nunca me pareceu verdadeira. Havia uma avaliação de que seria perigoso eu voltar ao Rio de Janeiro, mas em dado momento foi ainda mais perigoso para mim continuar ali. Até que uma grande amiga e companheira, que me ajudou demais nessa travessia de Brasília, em um momento agudo ainda desse processo, me deu de presente um filhote de golden retriever. Sempre quis ter esse cachorro e, no meu aniversário, em 2018, Marielle quase conseguiu um para a gente. Em sua homenagem, batizei ele de Francisco.

Mas Chico não foi só um presente afetivo, ele foi dado para cumprir uma função terapêutica, com recomendação da psiquiatra que me atendia na época de que ele fosse meu suporte emocional. Tenho uma credencial para andar com ele em todos os lugares, inclusive de avião, tal como um cão-guia, porque ele me ajuda a aterrar minhas emoções e me estabiliza. Cuidar de novo de alguém, ser responsável por acordar todos os dias porque ele precisava de mim, precisava passear, precisava comer, me ajudou a ter uma rotina outra vez. Essa rotina me fez aumentar a vontade de voltar a ter um lar e um espaço para ele ficar. Assim, voltei para o Rio. Tirei as minhas coisas do contêiner, me desfiz das imagens que me lembravam do luto e daquele mausoléu que havia virado a casa. Aluguei um apartamento, resgatei algumas plantas com a mesma vizinha da casa da Tijuca. Finalmente, um ano depois, dei início a uma fase de reconstrução.

CAPÍTULO 25 – *As mulheres lésbicas*

UMA DAS PIORES COISAS do meu luto e talvez um dos grandes dificultadores de um processo um pouco mais saudável foi, sem dúvida, ele ser público e eu ser viúva de outra mulher. No começo, eu não tinha ideia do que isso significava, nem sequer passava pela minha cabeça fazer qualquer análise sobre o processo. Passei um tempo muito submersa na dor e na fúria por respostas sobre o crime. Tinha fechado as redes sociais e não ouvia os burburinhos da internet e segui sem ligar muito para as repercussões. No início, eu nem sequer dava entrevistas.

Foi quando, ainda no Facebook, algumas mulheres lésbicas começaram a perguntar nas postagens sobre a Marielle: "Cadê a Monica?", "Cadê a mulher da Marielle?", "A Marielle não tinha uma esposa?" Nosso relacionamento era público, mas ainda invisível para muita gente, no entanto, as mulheres lésbicas passaram a questionar por que eu não era incluída em entrevistas com a família, por que não contavam que a Marielle vivia com outra mulher, por que quando se falava em "família da Marielle Franco" eu não era mencionada? Elas começaram um movimento nas redes sociais de perguntar onde eu estava. Imersa em uma dor profunda, eu não conseguia assimilar que era viúva. Foi só quando comecei a receber *prints* dessas mensagens, e quando comecei a ser procurada por algumas mulheres bem mais experientes que eu, já na luta por visibilidade lésbica havia muito tempo, que compreendi a importância de reivindicar esse lugar, o lugar de família. Foram mulheres lésbicas, muitas que nem sequer me conheciam, que me tiraram, pela milésima vez na vida, do armário da invisibilidade. Elas me fizeram ter segurança do meu lugar de família e ter segurança para falar sobre isso. Compreendi que ou eu saía daquele breu de culpa e menosprezo ou eu seria apagada da história da Marielle, e isso não simbolizaria apenas uma invisibilidade pessoal, mas também a de milhares de famílias homoafetivas, de milhares de famílias que, como a minha, eram formadas por mulheres. E depois de tantos anos e tanta dificuldade para viver aquele relacionamento, eu não poderia ser apagada, eu não poderia permitir ser retirada da vida da Marielle. Eu era a família que ela em vida escolheu construir e que por anos tivemos que lutar para ser.

Em uma sociedade patriarcal e misógina como a nossa, a viúva é sempre relegada à solidão e à amargura. Em famílias heterossexuais, essa figura se aproxima da virgem, destinada a honrar eternamente a memória do marido, é uma mulher ultrapassada pela vida, resignada e, muitas vezes, envelhecida. A amargura presente nessa ideia se reflete em expressões como "dor de viúva", um sinônimo para "dor de cotovelo", ou "cama de viúva", que é maior que uma cama de solteiro, porém menor que uma cama de casal. Como se fosse necessária a sentença da solidão eterna para provar que o amor perdido era real. Cabe à viúva apenas observar, não mais viver. No patriarcado, uma mulher que não está sob o controle de um homem está enterrada também.

Agora, imagina ser viúva de outra mulher? Isso existe? É possível? Uma ideia inconcebível. Foram muitas as vezes que vi circular nas redes sociais que eu não poderia ser viúva porque a Marielle não era homem. Eu mesma demorei muito para me ver em um lugar de afirmação de família, de legitimidade ou de reconhecimento respeitoso. Até mesmo as fake news difundidas quando o corpo da Marielle ainda estava no local do crime reproduziam o patriarcado. Diziam que ela era mulher de bandido, de um homem. Porque, óbvio, um assassinato elaborado como aquele só poderia ser "justificado" se algum "grande homem" estivesse por trás da motivação. Como o alvo se tratava de uma mulher negra, esse grande homem só poderia ser um bandido, um marginal, outro corpo negro que o senso comum considera "matável".

Quando a imprensa e a sociedade começaram a correr atrás da família, eu não estava incluída. Era "a família e a Monica" – e alguns ainda se referem assim até hoje –, sem reconhecer a legitimidade da família que Marielle escolheu e lutou para construir em vida. Demorei mais da metade da minha vida para ter coragem de me afirmar lésbica. Foram anos de luta para viver um amor que teve a lesbofobia como seu principal obstáculo, foram 14 anos de idas e vindas com a Marielle, e vivíamos, enfim, o momento mais feliz da nossa relação. Não bastasse a dor da maior violência que vivi, ainda precisei, de uma hora para outra, provar para o mundo, mais uma vez, que a nossa relação existia, e que era legítima.

Em outro momento em que isso ficou dolorosamente claro, foi quando a família de Marielle foi até nossa casa pegar algumas das suas roupas e alguns dos objetos de decoração da casa. Eu sempre ouvi falar que esvaziar os armários após a morte de alguém é uma parte importante para o luto. Mas eu não queria tirar nada ainda do lugar porque isso era admitir que ela não voltaria, e mesmo tendo se passado meses, secretamente, no meu íntimo, eu ainda esperava. Mas permiti que tudo que elas quisessem fosse levado. O vazio dos armários aumentou o vazio em mim. Me senti violentada, tratada como se fosse apenas uma colega de quarto, uma amiga que dividia apartamento, e não como esposa, viúva, alguém cujas coisas estavam entrelaçadas e partilhadas com aquela perda. Vi as roupas atravessarem o corredor da nossa casa me sentindo impotente sobre o que isso significava para mim. Não parecia que eu tinha direito algum àquele momento. Eu vi tudo ir embora como se nada que construímos fosse legitimamente nosso. Isso também me roubaram. E a solidão da viuvez foi profunda. Até hoje eu guardo o pijama que ela usou na última noite que dormiu ao meu lado, sem lavar. Como para me lembrar que ela estava ali na última noite e em todas as anteriores, como a prova de que foi real.

Até que se tornou impossível negar a minha existência na vida dela. Vieram, então, as acusações de oportunismo, que circulavam dos ambientes mais próximos aos tribunais da internet. Precisavam deslegitimar o nosso amor me acusando de ter algum propósito oculto, não podia ser simplesmente um amor entre duas mulheres. E eu só pensava: oportunidade de quê? De viver o maior pesadelo da minha vida? Era impossível não me questionar como seria se eu fosse homem. O que diriam? Respeitariam mais o meu luto e a dor de eu ter perdido o amor da minha vida?

A imagem da viúva oportunista é um clássico. Em quantas novelas não foram representadas mulheres que planejavam a morte dos maridos para ficar com a herança? Somado a isso, relacionamentos lésbicos são sempre tratados como promiscuidade, uma fase na vida de uma mulher que não encontrou o homem certo, uma curiosidade passageira nada perto de ser considerada uma família de verdade. Quando voltei a me relacionar com outras mulheres, virei a personagem perfeita – totalmente oportunista, eu podia ouvir as celebrações daqueles que pensavam: "Eu sabia! Viu? Ela já superou. Não era amor de verdade." Com medo, evitei relações verdadeiras, machuquei outras pessoas sem conseguir aceitar que podia amar de novo. Por um breve momento, também acreditei que deveria ser condenada à solidão eterna que o patriarcado oferece como sentença para as viúvas.

A verdade é que, em uma sociedade lesbofóbica, não existe espaço para o amor entre mulheres, tampouco haveria de ter espaço para o luto dessas mulheres. Nossas famílias não são consideradas, nossas dores não têm tanto valor, nossa vida é menos importante e nossos afetos devem ficar na invisibilidade.

O luto, quando é público, vira um espetáculo de midiatização. Muitas pessoas estão à espera de uma polêmica, de um caso de família, de um barraco na frente das câmeras. Elas chegam a se aproximar de você em momentos de profunda vulnerabilidade para arrancar uma boa história, e todas as pessoas querem quantificar o seu luto. Ou já faz tempo demais ou ainda é muito cedo, quando, na verdade, todos os dias são o dia seguinte. A saudade não dá meia-volta, não faz retorno no tempo. Me tiraram qualquer direito de matar a saudade dela depois de uma agenda intensa de trabalho. A vida, depois disso, não é mais nada do que seria, do que poderia ser. Não adianta o quanto as pessoas querem supor ou quantificar, elas não sabem o que você perdeu, elas não sabem *o quanto* você perdeu.

Há uma exigência social de que as mulheres lésbicas passem a vida provando que podem amar profundamente, singelamente, outra mulher. Muitas vezes nós mesmas queremos provar isso. Talvez por isso eu tenha tantos milhares de provas do nosso amor, as selfies, os bilhetes, as mínimas coisas. Fui questionada de todas as maneiras sobre isso. Não podia ter um cachorro, não podia levar uma boneca da Marielle aos lugares que ia lutar por justiça, não podia subir no poste para colar a placa antes da coletiva de imprensa, não podia assumir um novo relacionamento.

Todas as indagações que chegaram a mim tratavam de uma postura, induziam que determinado comportamento meu levava a crer que eu não seria exatamente legítima. Era tudo tão relacionado ao nível comportamental, que era impossível não ver como era uma prática patriarcal. Para ser uma viúva de verdade, eu deveria ser resignada e visivelmente deprimida. As supostas normas e as preocupações quanto a como eu deveria ser para ser legítima eram, na verdade, um festival horripilante de julgamentos feitos por pessoas que se acreditavam muito superiores, mais politizadas, mas que jamais me ajudaram a lutar por justiça. A justiça delas nunca foi a minha, tampouco a minha dor seria. E graças à luta organizada e histórica das mulheres lésbicas, estou contando aqui a história que não queriam que contássemos: uma história de amor e luta entre duas mulheres que se amavam profundamente e ousaram romper as barreiras do patriarcado e até mesmo a da própria morte.

CAPÍTULO 26 – *Vereadora Monica Benicio*

A MANHÃ DO DIA 1º DE JANEIRO DE 2021 era um paradoxo no tempo. A minha posse como vereadora parecia uma cena de *Efeito borboleta* ou qualquer um desses filmes de realidade distópica com viagem no tempo. Foi um dia muito, muito difícil. Eu evitei durante toda a campanha a associação perversa de que estava ali para ocupar um lugar que era dela. Eu jamais poderia ter essa pretensão ou desejo. Primeiro, porque não tive a mesma trajetória política que ela; segundo, porque não tinha no corpo as mesmas pautas e a mesma experiência; terceiro, e não menos importante, porque aquele lugar não podia ser substituído por ninguém. Eu sabia bem disso, eu convivia com o buraco da falta que ela fazia e sabia que a morte era implacável.

Eu estava sentada na última fileira de cadeiras no plenário, aquele mesmo plenário onde quatro anos antes ela estava feliz e radiante por ocupar. As imagens da posse dela circulavam na minha cabeça como um filme, eu a via vestida com o macacão branco que eu tinha dado de presente para ela justamente para ser usado naquela ocasião especial. Tudo aquilo que eu estava vivendo não podia ser verdade, cheguei a me procurar nas galerias, certa de que aquilo era apenas parte de uma ficção. Mas o que eu vi foi a minha mãe me olhando e sorrindo, emocionada, sentada onde eu havia sentado quatro anos antes para ver a Marielle.

"Viúva oportunista", "Está fazendo túmulo de palanque", "Está usando a morte de Marielle para se eleger", "Só será eleita por conta da Marielle", tudo isso eu ouvi no período de campanha eleitoral. Eu havia me candidatado à vereança após muitas pessoas insistirem dois anos depois do assassinato de Marielle e Anderson, ainda sem resposta ou justiça. Eu já tinha viajado para todos os lugares do mundo em busca de apoio na luta por justiça por Marielle, denunciando que o caso seguia sem resposta das autoridades e identificação dos mandantes do crime. Na esperança de vocalizar a luta por justiça de outra forma, e por ter sido verdadeiramente despertada para a importância de permanecer de pé e em luta por uma sociedade mais justa, porque só assim Marielle poderia ser justiçada, eu aceitei me candidatar. Uma decisão difícil, mas que já havia se transformado numa perspectiva coletiva, com todas e todos aqueles que haviam somado forças na campanha e depois deram sentido ao mandato, ou, melhor dizendo, à mandata, assim mesmo, no feminino, como gostamos de chamar.

"Somos uma multidão chamada Monica Benicio" era a frase utilizada na campanha. Mas uma coisa é estar na rua, conversando com as pessoas como você, leitora e leitor, falando da possibilidade de estarmos no poder e fazermos algo com isso. Ou, ainda, ser uma militante política, usar a projeção da sua voz para falar das injustiças, pensar coletivamente em novas propostas para uma outra cidade. Outra coisa bem diferente é sentar-se numa cadeira em um palácio suntuoso, completamente hostil à maioria da população, e dizer que aquilo ali vai transformar a realidade das pessoas. Chega a ser cínico e irônico. Isso porque tudo no poder ainda cheira à velha política, aos velhos acordos, aos velhos métodos. Mas fato é que eu já havia me consolidado como uma figura política de relevância internacional da luta pelos direitos humanos. A luta por justiça por Marielle foi o único caminho possível para mim, e era também uma luta por tudo que ela lutava e defendia. Era a única forma que eu via de fazê-la permanecer viva.

CAPÍTULO 27 – *Luto é verbo*

COSTUMO CONTAR UMA HISTÓRIA de quando, em 2019, fui à Escola Nacional Florestan Fernandes, de formação política, fundada pelo MST na ocasião de uma homenagem para a Marielle. Em uma das místicas de que participei, precisávamos pegar um papel e ler o que estava escrito. No papel que eu sorteei, havia a frase "Todos os nossos sonhos serão tarefas", da qual eu nunca me esqueci. Ela ecoa como um mantra na minha cabeça todos os dias, me convocando para a luta, que é bem menos glamorosa do que se imagina, e necessita de muita resiliência todos os dias, mas que é fundamental.

Uma das coisas que me impus como primeira tarefa, assim que me tornei vereadora no Rio, foi tornar lei o Dia da Visibilidade Lésbica no calendário do município. Não parecia algo grandioso, mas na verdade tinha sido uma das batalhas mais duras que a Marielle travou durante o seu mandato. Dos Projetos de Lei de sua autoria, que foram votados em plenário, esse foi também o único rejeitado.

O Dia da Visibilidade Lésbica foi uma construção que começou em 2017, quando a mandata da Marielle reuniu mulheres lésbicas da cidade para a aprovação do projeto e construção do dia efetivamente. Mas no dia da votação, por apenas dois votos, o projeto foi rejeitado. Lembro que foi a primeira vez que vi a Marielle chorar por alguma votação na Câmara Municipal. Ela foi para o banheiro e me ligou desolada dizendo que havíamos perdido.

Ali eu entendi que aquilo não se tratava apenas de política, mas também tocava a ela de modo profundamente pessoal. Tratava-se da nossa família. Havíamos perdido mais uma batalha, como as que enfrentamos a vida toda. Nem mesmo no poder eles admitiriam nos ver e nos respeitar. Eu tentei manter a calma e, apesar de muito sentida pela situação, tentei animá-la dizendo que não seria aquilo que legitimaria ou não as nossas famílias e que o importante havia sido feito, ela havia reacendido o movimento de mulheres lésbicas da cidade, e com certeza aquilo valeria a pena. Disse para ela lavar o rosto e ir falar com quem realmente importava, as mulheres lésbicas, e foi o que ela fez. Marielle, mesmo quando se sentia de mãos atadas ou derrotada, sabia acolher e sacudir as pessoas, impulsionar essa chama resiliente de quem insiste na luta.

A partir dali, aquelas mulheres todas que tinham se reunido para construir o projeto, como um ato de resistência àquela derrota, construíram o Ocupa Sapatão, um coletivo e um evento político cultural por visibilidade lésbica que toma a Cinelândia todos os anos. Sem dúvida, foi um marco histórico para a luta.

Fiz questão de reapresentar o Projeto de Lei como primeira ação minha como vereadora. Eu sentia que devia essa vitória à Marielle, à nossa família e também às mulheres lésbicas cariocas. Em 2021, mesmo com uma campanha de mobilização e muita articulação que fiz dentro da Casa, perdemos novamente, com a mesma quantidade de votos que Marielle teve. Senti como se nada adiantasse, vislumbrei a hipótese de aquilo ser só um sonho e de sermos ainda muito pequenas. Fiquei revoltada. Mas os sonhos ainda eram tarefas a cumprir e prometi a mim mesma que reapresentaria o Projeto de Lei todos os anos, sem trégua.

Em 2022, reapresentei novamente, me preparei para discuti-lo por longas sessões, falei com todos os vereadores que podiam me ajudar a virar o placar. Apelei em falas que constrangiam a Casa, dizendo que os vereadores estavam ali dizendo que as mulheres lésbicas não mereciam viver. Inauguramos na mandata uma campanha de dez dias de Ação Sapatão, que se iniciou em 19 de agosto, Dia do Orgulho Lésbico, e terminou em 29 de agosto, Dia Nacional da Visibilidade Lésbica, com atividades diárias em diversos locais da cidade, sobre todos os temas que cercam a nossa experiência como mulher lésbica. Maternidade, cultura, esporte, saúde, educação, território etc. Trabalhamos como nunca e, finalmente, tive o orgulho de aprovar a lei do Dia da Visibilidade Lésbica no calendário da cidade do Rio de Janeiro.

Essa vitória foi muito significativa porque gerou longas sessões de debates que o parlamento carioca se recusava a discutir. A visibilidade de fato ocorreu durante a luta, porque, de alguma forma, é preciso que aqueles que ainda nos querem invisíveis, escondidas nos armários, que apoiam silenciosamente a violência lesbofóbica, admitam isso perante toda a sociedade e sejam forçados a discutir esse assunto junto às mulheres lésbicas. Vencemos e fizemos com que os dez dias de Ação Sapatão se tornassem uma campanha fixa da nossa mandata, que já avança há duas edições em discussões com as mulheres lésbicas em suas mais diversas experiências pela cidade. A visibilidade protege, confere cidadania e um sentimento que é o oposto da solidão.

Ali, como em um laço no tempo, honrei a minha família e a minha esposa. Naquele dia, depois de cinco anos de luta, eu sequei suas lágrimas naquele banheiro e pude beijá-la diante de um plenário conservador e machista. Em todas as lutas que travamos depois dessa, eu a reencontro em algum lugar da memória para honrá-la, respeitá-la e amá-la, como a promessa que faria no altar.

Foi assim quando, mesmo tendo perdido mais uma vez em plenário, distribuímos os cartazes que informavam sobre os direitos das vítimas de violência sexual pela cidade. Quando, em uma visita de fiscalização a uma maternidade, vi um deles, produzidos pela mandata dela, na parede do hospital. Um legado, afinal, não é só aquilo que se deixa, mas aquilo que se leva adiante. Dei muitos outros passos sozinha, mas sempre reverenciando a mulher que me despertou para um luto que é verbo ativo, nada pacífico, cheio de garra e coragem.

Hoje, o passado é o presente que se faz na memória imperecível, como Adélia Prado me ensinou. É o lugar onde o amor é aquilo que me fez sobreviver e ir à luta, por ela, por nós, por todas aquelas que Audre Lorde desacorrentou quando escolheu a liberdade como uma possibilidade apenas coletiva.

E eu sei que um amor como o nosso não paira no ar, diariamente eu o planto no chão dessa terra, dessa mesma terra que a tirou de mim, como uma profana promessa. De onde estiver sua voz ecoa, para me lembrar de agradecer a sua existência. Uma vida inteira de saudade, mas nem mais um minuto de silêncio e invisibilidade.

À Marielle, A.D.M.V. M².

A ÚLTIMA CARTA QUE IREI ESCREVER PARA VOCÊ
CARTA A MARIELLE FRANCO

RIO DE JANEIRO, 10 DE DEZEMBRO DE 2023

Meu amor,

    Lembra daquela vez que estávamos no banheiro de casa, nos maquiando juntas para irmos a uma festa e, enquanto você passava o batom roxo nos lábios, olhando para o espelho, brincou dizendo: "Imagina, amor, um livro da nossa história? Porque dava um livro, né?!", e riu. Eu estava penteando meu cabelo e ri respondendo que daria muito trabalho fazer esse livro. E deu. Deu muito trabalho chegar até estas últimas linhas que decidi escrever falando para você o quanto você faz falta. Foi muito duro chegar até aqui sem você do meu lado para dizer que eu conseguiria, como você fazia com tudo o que eu me arriscava a fazer na vida. E é com as lágrimas molhando o teclado do computador, rodeada pelas cartas que trocamos ao longo dos anos espalhadas em cima da mesa, da mesma mesa em que você não se sentou para jantar naquela noite, que eu quero te dar o adeus que eu não pude e que ainda não estou preparada para dar, mas preciso.

Nossa vida foi sempre feita de muitas despedidas, mas a certeza de que nos encontraríamos ainda assim – no fundo de um carro no estacionamento, numa quitinete no morro do Timbau ou em uma cama de solteiro na casa dos seus pais. Ou no meio da rua no Centro da cidade, no banheiro de um teatro depois de meses sem se falar, e ainda, no fim de um dia de trabalho, na nossa casa, na nossa cama, dentro dos olhos sedentos uma da outra – bastava para acreditar que aquele era um dia comum em que terminaríamos juntas e que aquela angústia no peito era só mais uma saudade curta de um dia atribulado. Mas a morte mora dentro da vida e ela se apresenta em um dia comum. A porta do elevador se fechou, e a morte não estava preocupada se aquela cena não seria a mais adequada para a última vez.

Por vezes me peguei pensando que eu deveria ter mantido o cinema que pegaríamos naquela noite, que deveria ter apoiado você a derrubar a agenda, que deveria ter mantido os nossos planos de jantar naquele restaurante onde você sempre brigava com o garçom porque ele escrevia seu nome com um "L" só. Eu me culpo por cada coisa que não fiz e que poderia ter me dado mais um minuto com você. Mas, infelizmente, nós não fazíamos ideia do perigo que estava à espreita, e, por mais que eu quisesse esgarçar o tempo e enganar o destino, o fato de saber que você foi monitorada e marcada para morrer me desespera. Até hoje, quase seis anos depois, ainda não ter uma explicação para isso me deixa perplexa. Eu senti raiva, me arrisquei algumas vezes em uma busca alucinada por uma resposta. Queria te defender, queria poder te contar o que houve, queria aplacar essa dúvida maldita, essa insegurança e essa culpa.

Eu passei mais de um ano sonhando todas as noites que eu estava na rua parada olhando seu carro passar quando ele era metralhado. Eu gritava, mas ninguém fazia nada. Eu acordava do pesadelo com a cama encharcada de suor. E, quando eu olhava a cama vazia do seu lado, eu gritava de dor e agarrava seu travesseiro com força querendo acordar daquele pesadelo que era não ter você ali. Meu amor, me desculpa por não ter ido ao seu encontro naquele carro. Eu queria muito, eu implorei, eu sabia que você estaria sozinha e confusa. Não me deixaram ir. Me perdoa. Rezo todos os dias para que você esteja em paz, porque sei que sua alegria de viver era imensa e que essa brutalidade jamais lhe deixaria conformada, como você nunca ficou diante de nenhuma injustiça. Mas mesmo sabendo do seu poder e da sua relevância para tantas lutas, eu só consigo pensar na injustiça maior que sinto em ter passado tantos anos da vida em busca desse amor e ter tido seu corpo arrancado de mim. Como se, mais uma vez, eles nos dissessem que não podíamos amar.

Me sento para escrever esta carta cinco anos e nove meses depois da sua morte, e me lembrar dessa dor é sentir o mesmo raio atravessando meu corpo novamente. A sensação é de que as palavras que tento colocar aqui não alcançam o significado de tudo que há em mim. A vida sem você se tornou um calendário congelado no tempo. As datas comemorativas ficaram paradas entre 2017 e os primeiros meses de 2018. Eu penso no que fizemos naquela data da última vez em que estivemos juntas. Nosso último Natal na casa da Fernandinha, nosso último réveillon no sítio da Lia, nosso último carnaval, em que trabalhamos exaustivamente nos blocos, entregando leques da campanha "Não é não", pelo fim do assédio contra mulheres no carnaval, com a promessa de que depois teríamos uns dias longe de tudo só para nós. O último café da manhã juntas, a última dança, o último sexo, todas as últimas coisas passaram a organizar as coisas futuras.

Repasso na minha memória todos os últimos detalhes e me agarro a eles não só para não me esquecer de você, mas também para não me esquecer de mim. Tudo o que fizemos sem saber que seria a última vez, eu repasso na minha cabeça porque é a minha forma de te manter viva e permanecendo comigo, juntas, misturadas pelo conceito do amor nas coisas mais corriqueiras que o tempo se esforça para transformar em pó. Há um certo sadismo nessa saudade, porque ela é um apego profundo daquilo que não posso deixar perecer, não posso me esquecer dos detalhes. Mas é também como abrir uma caixinha sabendo que vou sentir o arrebatamento da dor de que aquilo pertence tão somente e para sempre a um passado. Li muita gente falando do luto e da vontade de esquecer para não ter essa sensação paralisante de que a vida não segue. Cada um lida com o processo de uma forma, e a dinâmica que eu encontrei foi dividir a vida em duas. Uma que permanece acordando ao seu lado, contando as novidades do cotidiano, ouvindo seus conselhos dentro da minha cabeça e buscando você no sono.

Assim como não há retorno para a morte, não há como retornar para quem se era antes da perda, então tenho tentado dar chances de me conhecer de novo. De certa forma, depois que você foi embora, eu também só vivo as primeiras vezes. A primeira vez que tomei coragem de fazer a cama sem você, a primeira vez que beijei outra mulher me torturando de culpa por não ser você, a primeira vez que senti seu perfume na rua, a primeira vez que desfiz sua gaveta de calcinhas, hiperbagunçada, porque você odiava arrumar.

Escrever este livro foi um processo longo e doloroso. Foram muitas as sessões de terapia em que eu dizia que não me sentia pronta para seguir porque, capítulo a capítulo, eu precisava admitir para mim mesma que o mundo só precisava conhecer a nossa história de amor porque você está morta. E escrever isso é até hoje tão difícil quanto admitir. Enquanto fui escrevendo o livro eu me dava conta de que não queria que ele acabasse, não quero terminar. Terminar é também finalizar mais uma etapa, e meu medo é que isso me afaste mais de você. Enquanto eu faço força para me lembrar dos detalhes de tudo que nos fez almas entrelaçadas, eu desembaraço lentamente os fios da memória que ainda me vinculam tão intimamente a você. Eu não quero que acabe.

Os dias passam e abrem espaço para o futuro, um futuro em que você não está, mas que eu sempre imagino como seria com você. Assim como sempre que estou diante de uma situação difícil, eu fecho os olhos e penso firme: *Meu amor, me ajuda*. E é impressionante como eu sempre sinto você comigo.

Sabe, amor? No começo foi insuportável, e ainda é muito difícil, mas agora de uma forma diferente. O cuidado e o zelo que você tinha comigo fizeram o mundo parecer ainda pior na sua ausência. Você amava cada detalhe em mim e me conhecia tão bem que eu realmente me sentia especial ao seu lado. A sua generosidade em elogiar coisas simples que eu não percebia que estavam em mim fazia eu me sentir amada como nunca pensei ser possível. Eu sempre queria ser melhor em tudo que podia só para poder te agradar e você se apaixonar cada vez mais por mim. Ter a sua admiração e o seu respeito era uma das coisas de que eu mais gostava na nossa relação. Te amar e te admirar profundamente e em cada detalhe era algo especial para mim. Eu me sentia invencível ao seu lado e adorava o fato de você se sentir assim ao meu lado também.

***

Nas primeiras horas, nos primeiros dias, nos primeiros meses, foram muitas as pessoas que eu não sabia que poderiam ser colo e que foram se aproximando e me doando tudo que tinham de melhor. Pessoas que te amavam, cuidavam de mim por amor a você. Pessoas que, porque amavam você, passaram a me amar também. E nelas eu fui te encontrando aos poucos e me reencontrando também.

Eu rodei o mundo todo e em cada cidade por onde passava eu encontrei amor e solidariedade. E quando eu voltava para casa, por mais que eu me sentisse sozinha e vazia, eu tinha uma rede de apoio que me queria firme e de pé. Amigas e amigos que, para me apoiar, passavam a noite comigo para que eu não dormisse na nossa casa vazia, que me levavam comidas gostosas quando eu me recusava a sentir qualquer tipo de prazer. Pessoas que me ajudaram de tantas formas que eu não conseguiria mencionar aqui, mas que eu sei que você sabe. Em cada gesto de amor e solidariedade que eu recebia, eu acreditava que era a sua forma de ainda cuidar de mim. Eu sei que você não me deixou sozinha em nenhum momento desse processo e, só por saber disso, eu permaneci aqui, selando a promessa de que um dia nos encontraremos no infinito.

A entrega da dissertação de mestrado, que você tanto acompanhou e debateu comigo a construção e se animava ao ver minha evolução no tema, só se deu porque pessoas próximas, que entendiam o quanto aquilo seria representativo para dar seguimento à minha vida, me ajudaram muito na escrita, no prolongamento dos prazos, nas revisões e tudo mais. Quando eu fui finalmente fazer o texto final, percebi que deveria atualizar a dedicatória que seria para você e as mulheres da minha família, e colocar para você *in memoriam*. Percebi que eu estava produzindo um documento que atestava que você não estava comigo para dizer quão orgulhosa estava por eu ter conseguido.

Quando os convites para falar de você em todos os lugares do mundo começaram a chegar, eu só aceitava aqueles que me permitiam estar em casa às nove da noite. Eu sentava no sofá com o Maddox no colo e esperava que o silêncio se rompesse a qualquer momento com você abrindo a porta como um furacão e sorrindo ao me ver. Qualquer barulho do lado de fora da casa fazia meu coração disparar de esperança, e eu acordaria daquele pesadelo.

Depois, quanto mais eu falava de você, de como era violento você ter sido assassinada e não ter um desfecho para as investigações, como era perigoso para a democracia o assassinato sem respostas de uma vereadora defensora dos direitos humanos, mais meus pensamentos descolavam da realidade da sua morte, quem havia morrido era a vereadora. A luta por justiça me aproximava mais de você, como, se ao final das investigações, ao concluirmos quem são os assassinos, os mandantes, quando todos os envolvidos estiverem presos, você voltaria. São quase seis anos esperando, contando cada dia que passa.

Tudo que pude fazer para buscar justiça por você eu fiz e farei, mas a cada avião em que eu entrava, a cada discurso que eu terminava, a cada final de dia esgotada de lutar, não importava o que eu tivesse feito, a porta da sala não se abria com você entrando.

Não ter podido me despedir de você me deixou um sentimento de incredulidade de que você tenha morrido. As suas fotos espalhadas pela cidade e pelo mundo me faziam ver a vereadora e sofrer por não ver mais a minha mulher. O mundo sentiu sua perda com um grande impacto histórico para a democracia brasileira, e eu fui vendo toda essa dimensão se agigantando na minha frente, enquanto sentia uma saudade que não podia partilhar com nenhum daqueles milhares de pessoas. Uma solidão que me tomou muito intimamente.

Eu também abandonei meus planos de ser professora universitária dando aula de Arquitetura e de um dia termos uma pousada em São Pedro da Serra. Não fica brava. É que talvez eu não me visse mais nesses sonhos sem você. Eu entrei para a política, e você deve achar uma ironia agora me ver chegando tarde da noite em casa depois de mil agendas. Eu também acho. E sempre me desculpo com você em pensamento por todas as vezes que te cobrei mais atenção e mais tempo para nós sem dimensionar a pressão e o peso da responsabilidade de ser uma parlamentar dedicada e responsável com a luta por um mundo livre de opressões, como você era. Agora eu sei.

***

A.D.M.V., estou evitando este momento faz muito tempo, mas chegou a hora. O momento que estou evitando todos esses anos, que evito a cada linha que escrevo, em cada prazo perdido para a entrega do livro, em cada capítulo que modifiquei mil vezes. Já faz um tempo que decidi que terminaria este livro com uma carta para você. Trabalhei na terapia este momento por achar importante para nós, para mim. Eu preciso me despedir de você, meu amor. Preciso fazer o que não nos foi permitido jamais.

Eu não tenho palavras para te dizer o quanto você me transformou e continua fazendo isso a cada dia. A nossa história, mesmo com todos os altos e baixos, é a coisa mais bonita que carrego em mim. Mesmo com toda a dor e todo o sofrimento que carrego, eu jamais abriria mão de um milésimo de segundo que vivi com você. Acordar com seu corpo enroscado no meu, dormir de mãos dadas, fazer sexo em lugares inusitados, dançar na cozinha e te fazer cosquinha no meio do beijo, eu não abro mão de guardar em mim ainda vivos os nossos detalhes. Eu ainda me lembro do exato momento em que te vi pela primeira vez nesta vida. E é por ter certeza absoluta de que nossa história não começou aqui que eu carrego em mim a certeza de que ela não se encerrará aqui também. Em uma vida apenas não caberia tanto amor e tanto querer.

Ainda me pego lembrando de todas as vezes em que você fazia aquela vozinha fofa, perguntando se e o quanto eu te amava, e da sua cara de insatisfação quando eu dizia que meu amor por você era do tamanho de um grão de areia, mas que nele cabia todo o universo, e você, insatisfeita, dizia que queria algo que pudesse ser visto de longe, de qualquer lugar. Eu ria, eu amava que você reivindicava as coisas mais simples, mesmo eu alegando que não fazia sentido. Hoje entendo que seu desejo e o meu sobre as manifestações de amor são verdades que não se anulam. Sua presença está sempre marcada na saudade que sua ausência me causa constantemente, e nossa história de amor é como você queria, do tamanho de uma montanha gigante, que pode ser vista de qualquer lugar do mundo, assim como sua imagem como símbolo de resistência.

De nós, eu sou a metade menos morta, e você segue sendo a metade mais viva de mim. Não há um único dia em que você não seja a primeira coisa que eu penso ao acordar e a última antes de dormir. Não há um único dia em que eu não queria falar com você sobre coisas banais só para me sentir compreendida. Sinto falta da minha esposa, amante, companheira, e sinto muita falta da minha melhor amiga. Eu amava encontrar tudo isso em você, no seu colo, na nossa relação. Deus, como eu amava te ter como amiga. O mundo se transformou radicalmente por causa de você, meu amor. Eu também! Mas aqui dentro, amor da minha vida, tudo permanece como sempre. Sigo te amando para não deixar de amar nunca. Sigo te tendo perto para não me perder. A porta do elevador se fechou, mas eu jamais vou deixar de te olhar. Até a próxima vez, Marielle Francisco da Silva, meu amor, meu Chicão.

Ninguém nunca te amou, ama ou vai amar como eu.
S.A.D.M.V.

♥ 6.679 curtidas   💬 600 comentários

22 de maio de 2018

Há 69 dias o mundo parou de girar no pior momento. Não gira nem volta atrás. 69 dias se passaram e eu ainda não posso crer que a vida segue num mundo onde não posso mais sentir o abraço que norteava todo o meu caminho e que me dava razão de ser, de querer ser, de acreditar.

Volto às redes sociais hoje, no dia do abraço, para agradecer, na expressão da circunferência desse abraço singular, todos os abraços de solidariedade que recebi desde que não reconheço mais razão na vida.

A todxs que me abraçam e acolhem, deixo aqui minha máxima gratidão. Sem toda essa rede de afeto linda, não seria possível levantar pela manhã. AMOR, eis o maior legado da Marielle. Feliz dia do abraço.

"Em teu abraço eu abraço o que existe,
a areia, o tempo, a árvore da chuva,

e tudo vive para que eu viva:
sem ir tão longe posso ver tudo:
vejo em tua vida todo o vivente."

– Pablo Neruda

#M2 #ADMV #marielleemonica
#porqueeraelaporqueeraeu

♥ 5.930 curtidas   💬 280 comentários

28 de junho de 2018

A presença da ausência... Em 28 de junho de 2017, tiramos essa foto no Chile, uma das melhores viagens que fizemos, a única internacional das muitas que planejamos e sonhamos juntas e que não acontecerão. Hoje, um ano depois dessa foto, 106 dias sem ela, sigo por ela e com ela, mas sempre sentindo a presença da ausência. Desde que eu tinha 18 anos de idade Marielle sempre foi meu norte. Fomos companheiras até quando não podíamos ser. A vida foi dura com a gente, mas isso nunca nos impediu de seguir amando. Hoje, dia internacional da luta LGBT, reafirmo que não deixei de acreditar que o melhor caminho é o amor. A todxs LGBTI+, gostaria de dizer que não deixem de acreditar. A vida é dura, a luta é dura, mas seguir o próprio coração é o melhor que podemos fazer por nós mesmos. Nenhum passo atrás será dado pelo nosso direito de amar. Vamos juntxs. 💜💛 #M2 #ADMV

#marielleemonica #porqueeraelaporqueeraeu #nossafamiliaexiste #nossasvidasimportam #lgbt #loveislove #amoréamor #amarsemtemer #FicaMelhor #ItGetsBetter

♥ 5.960 curtidas   💬 193 comentários

25 de julho de 2018

A foto de casal de hoje é do meu aniversário em que organizaram uma festa-surpresa, com muito carinho, nesse lugar que eu amo. Nesse momento, ela estava de joelhos me dando flores, me pedindo em casamento mais uma vez.

Nós realizaríamos a festa de casamento, que tanto queríamos, em 7 de setembro do ano que vem. E, desde quando ela me falou que queria a cerimônia para reafirmar nossos votos do casamento em 7 de janeiro de 2017, todos os dias, em algum momento do dia, nós dizíamos: "Sim, hoje, sempre e mais uma vez." Aguardávamos a festa que nunca irá acontecer, mas o amor celebrado pelo casamento das almas... essa festa era diária.

@dricavalcanti

"Saio por aí juntando flor por flor
Só pra te mostrar
O que a vida fez com todo o amor
Só pra ti, só pra ti, só pra ti

[...]"

– "Cataflor", Tiago Iorc

#M2 #ADMV #marielleemonica #porqueeraelaporqueeraeu #saudade #orgulholgbt #loveislove #amoréamor #eusouporquenossomos #mariellefranco #quemmatoumarielle #justiçaparamarielleeanderson #133diasSemEla

♥ 4.704 curtidas   💬 87 comentários

28 de julho de 2018

E porque julho é todo dela, as fotos diárias irão até o último dia.

Fotinho velha... Meu aniversário de 20 anos, ela tinha 26. Melhor parceira de dança, de farra, de vida.

"Oh, pedaço de mim
Oh, metade afastada de mim
Leva o teu olhar
Que a saudade é o pior tormento
É pior do que o esquecimento
É pior do que se entrevar"

– Chico Buarque

#M2 #ADMV #marielleemonica
#porqueeraelaporqueeraeu
#saudade #orgulholgbt #loveislove #amoréamor
#eusouporquenossomos #mariellefranco
#quemmatoumarielle
#justiçaparamarielleeanderson #136diasSemEla

♥ 7.326 curtidas   💬 330 comentários

9 de agosto de 2018

#tbt... Tempo... Existe coisa mais valiosa que o tempo? Essa foto é do nosso último domingo juntas. Fomos a uma exposição e eu tinha brigado com ela por uma coisa boba. Ela não queria saber de briga naquele dia e me deixou brigar sozinha. Tirou várias fotos contra a minha vontade rindo de mim e do meu mau humor.

Tempo... Soubesse eu que aquele era o último domingo não teria perdido um milésimo de segundo dos 10 minutos que durou minha briga sozinha e que depois deixei pra lá... Menos 10 minutos do último domingo. Sorte a minha que ela não queria brigar e que o resto do domingo foi lindo.

O plano era viver uns 80 anos e cuidar de pousada com uma horta orgânica em algum lugar de serra. O plano era sentar numa varanda e perder horas penteando o cabelo dela como já fazíamos. Eram tantos os planos... A gente passa a vida planejando um futuro que pode não existir e esquece de cuidar do milésimo de segundo que compõe o agora. O agora é tudo o que se tem.

#tbt #M2 #ADMV #marielleemonica #porqueeraelaporqueeraeu #saudade #orgulholgbt #loveislove #amoréamor #eusouporquenossomos #mariellefranco #quemmatoumarielle #justiçaparamarielleeanderson #148diasSemEla

♥ 8.068 curtidas ○ 162 comentários

27 de setembro de 2018

Hoje é dia de #tbt? Então vamos lá.

Sabe a palavra saudade? Não pensa só no som banal dela dita corriqueiramente, não. Pensa no significado da palavra. Pensa no que ela significa dentro do peito nos dias mais dramáticos da sua vida. É sobre isso que estou falando. É isso que sinto quando penso na minha família desfeita pela violência da noite de 14 de março. Eu tô com saudade da minha mulher. Do amor da minha vida. Da minha companheira. Da minha casa vazia agora. Da minha filha. Estou com uma profunda saudade da minha vida.

"Eu amo tudo o que foi,
Tudo o que já não é,
A dor que já me não dói,
A antiga e errônea fé,
O ontem que dor deixou,
O que deixou alegria
Só porque foi, e voou
E hoje é já outro dia."

– Fernando Pessoa

#nossafamiliaexiste #M2 #ADMV
#quemmatoumarielle
#justiçaparamarielleeanderson

♥ 10.819 curtidas   💬 817 comentários

14 de novembro de 2018

Viúva de Marielle Franco. Esse foi o rótulo que me deram, resultado da maior e mais profunda dor que eu já senti na vida. Nessa mesma hora há exatos 8 meses eu estava absolutamente desesperada esperando que alguém me acordasse de um pesadelo. Nenhuma palavra que eu ouvia naquele momento fazia sentido. Sua ausência me era anunciada, você não chegou pro jantar e a vida perdeu o valor. Eu morri com você. Mas o mundo não parou de girar para esperar a dor acalmar ou qualquer coisa voltar ao lugar. Nada voltou. Nada mais poderá voltar. Nada mais faz sentido. Hoje eu vou me permitir ser de fato a viúva. Não fui às manifestações ou às homenagens em sua memória. Hoje eu quis ficar só com você. Fui fazer o que você sempre me pedia: autocuidado, para não deixar as coisas me afetarem tanto. Depois eu fui à igreja, ao cemitério e me permiti chorar. Chorei, chorei muito, até que cansei e resolvi tomar os remédios que a psiquiatra recomendou. De volta ao antidepressivo e aos calmantes, amanhã será outro dia de dor, mas estarei de pé novamente por você. Mas hoje, não, meu amor. Só hoje eu vou me permitir chorar até dormir sentindo a sua ausência ao meu lado na cama. Fica em paz. Me despeço como sempre fazíamos antes de dormir, após o beijo de boa-noite: "Bom descanso, mô di vida minha, dorme bem."

#M2 #ADMV #ComoElaMeVia

♥ 37.210 curtidas   ◯ 587 comentários

15 de janeiro de 2019

Desafio dos 10 anos. Nós. Porque era ela, porque era eu.

#M2 #SADMV #marielleemonica #porqueeraelaporqueeraeu #orgulholgbt #loveislove #resistenciasapatao #nossafamiliaexiste #quemmatoumarielle #quemmandoumatarmarielle

♥ 23.693 curtidas   ◯ 263 comentários

14 de fevereiro de 2019

"Eles pensam que a maré vai mas nunca volta
Até agora eles estavam comandando
o meu destino e eu fui, fui, fui recuando,
recolhendo fúrias. Hoje eu sou onda solta
e tão forte quanto eles me imaginam fraca
Quando eles virem invertida a correnteza,
quero saber se eles resistem à surpresa,
quero ver como que eles reagem à ressaca"

– Chico Buarque e Paulo Pontes

EU SOU PORQUE NÓS SOMOS. VAI TER LUTA. VAI TER AMOR SAPATÃO. Vidas LGBTQIAP+ importam!

#QuemMatouMarielle #QuemMandouMatarMarielle #EuSouPorqueNósSomos

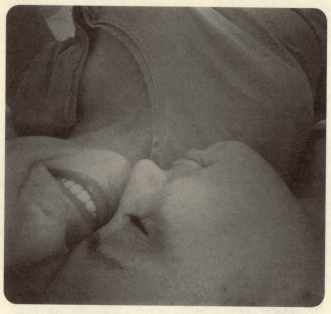

♥ 38.135 curtidas   💬 1.693 comentários

14 de março de 2019

Entre todos os momentos do dia, nosso consenso é que o melhor era deitar para "descansar". Ficar agarradas de papo, falar do dia, dos sonhos, fazer cosquinha para ouvir a gargalhada antes de dormir. Sexo. Massagem nos pés. A única regra era que não se podia dormir sem dar "beju" de boa-noite, mesmo se estivéssemos brigadas.

Há 365 dias nós dormimos abraçadas pela última vez. Desde então não teve uma noite sequer que eu não tenha sentido sua falta. Não teve uma manhã que eu não tenha chorado sua ausência A.D.M.V. Tá muito difícil sem você! Mas hoje as ruas estarão cheias gritando seu nome, clamando por justiça, elevando aos céus muito amor pra você. Não há nada no mundo que eu deseje mais do que você estar em paz.

#M2 #ADMV #MARIELLEEMONICA #porqueeraelaporqueeraeu #saudade #eusouporquenossomos #QuemMandouMatarMarielle #JusticaParaMarielleeAnderson

♥ 46.188 curtidas   💬 1.444 comentários

7 de setembro de 2019

"Tem que somar 7", eu disse deitada na cama quando estávamos escolhendo a data para o casamento. "7 de setembro. 7 + 9 dá 16. 1 + 6 = 7, é perfeito, amor. E a gente ainda afronta o sistema porque é Dia da Independência (rimos...). 7 + 9 + 2 + 1 + 9, reduz 1, recomeço! 7 de setembro do ano que vem é perfeito, amor, bora. Coloquei na agenda já."

Foi assim que escolhemos a data. Em janeiro, vimos o local da festa, Região dos Lagos, com altar de frente pro mar. Era minha exigência, tinha que ser na praia, não podia deixar Iemanjá de fora dessa. Uma amiga já seria a responsável pelo buffet. A lista para 200 convidados estava quase toda definida. Madrinhes e padrinhes já escolhides.

Dia 16 de março, as alianças ficaram prontas. Não fui buscar até hoje. Por ironia da vida, 16 soma 7, e se colocar o mês de março, + 3, reduz a 1. Mas já eram 2 dias sem ela.

Sonhamos muito como seria o dia de hoje, mas em nenhuma das opções eu estaria cruzando o céu entre Espanha e Brasil.

Perdida na vastidão da minha dor, ora morro de amor, ora morro de saudade. Eu sou a metade menos morta de tudo que está vivo de nós. Ainda é muito difícil acreditar. Muito mesmo! Releio mensagens, bilhetes e cartas, revejo as fotos, e o brilho nos olhos e o sorriso largo sempre me dão a impressão de que no final do dia vamos nos encontrar, beijar sorrindo na porta, dormir abraçadas e de mãos dadas como sempre. Não tenho dúvida que em algum momento esse reencontro vá acontecer mesmo. Dos sonhos tolos que ousamos sonhar, a eternidade era um deles. Os sonhos sobrevivem à tragédia, afinal, a vida é um poema, e o poema adora uma tragédia. Sonhos que envolvem amor são teimosos, não se esvaem no tempo e espaço... Às vezes, e só às vezes, eles adormecem para nos despertar, vez por outra, pra que voltemos a sonhar outros sonhos. Se um momento foi ruim, outros novos tempos virão. Pra gente sempre foi assim.

E então veremos, com esses olhos que a vida verá de rever, que morrer de amor vale. Que viver por amor vale. Até a próxima vez, Amor Da Minha Vida.

#ADMV #M2 #marielleemonica #MarielleFranco #QuemMandouMatarMarielle #542DiasSemEla #PorqueEraElaPorqueEraEu #EuEstouComEla

♥ 18.820 curtidas   💬 216 comentários

14 de fevereiro de 2020

Mais um dia 14. 14 do mês de fevereiro. Nosso último carnaval foi de muito trabalho na campanha "Carnaval sem assédio", percorrendo os blocos e distribuindo os leques do "Não é não". Tantas mulheres engajadas formando uma coletividade de luta pela vida. Pelas ruas, alegria, folia, resistência, luta e movimento. O que não sabíamos é que fevereiro de 2018 seria o último mês de nossas vidas juntas. Seria nosso último carnaval. Agora, o 14 marca a dor. Agora, o 14 é marca do luto. Agora, 14 representa retomada de fôlego pra resistência. Hoje, 14, registra-se 1 ano e 11 meses de dor, de luta e de injustiça. O fevereiro mudou, mas não mudou nossa vontade de estar nas ruas, ocupando os espaços com cultura, lutando contra o assédio e, sobretudo, perguntando: Quem mandou matar Marielle?

#QuemMandouMatarMarielle #702DiasSemEla
#JustiçaParaMarielleEAnderson

♥ 25.570 curtidas 💬 574 comentários

14 de março de 2021

Marielle gigante. Não existe nenhum exagero nessa expressão que ganhou as ruas desde 14 de março de 2018. Pra muita gente, Marielle se tornou um símbolo de luta, um sinônimo de resistência e esperança. Pra mim, Marielle é também isso, mas é, antes disso, esposa, companheira, parceira de vida e de sonhos.

Hoje completam-se 3 anos que Marielle foi arrancada daqui, de mim, da gente. Três anos em que temos muito mais perguntas do que respostas. Três anos em que perco a voz e o sono por perguntar todos os dias a mesma coisa, por contar os dias que trazem perguntas que não calam. Perguntas que não podem ser caladas enquanto não forem devidamente respondidas!

Marielle foi homenageada numa placa de metrô em Buenos Aires, numa praça de Paris, em um lugar na Itália etc. No Brasil, são incontáveis as placas e os murais colocados e feitos por tanta gente. São muitas homenagens, que se dão de diferentes formas, com diferentes gestos. Todas as homenagens são bem--vindas, pois reafirmam o que muita gente tentou negar: Marielle é gigante!

Seguimos com o coração desmontado, mas inspirados pela energia de amor e alegria que ela nos deixou. Seguimos para que ninguém esqueça, para que não se silencie, para que nunca se repita! Ela foi porque nós somos. E nós somos porque ela sempre será. Sempre. Gigante.

Quem mandou matar Marielle? Por quê?

#3AnosSemEla #QuemMandouMatarMarielle #JustiçaParaMarielleEAnderson

♥ 6.679 curtidas   💬 600 comentários

14 de maio de 2023

Mais um dia 14. Já são 5 anos, 62 meses, 1.887 dias sem respostas, sem justiça, sem Marielle. Mais um dia que essa dor intensa invade o peito, sufoca, dilacera. Essa dor que às vezes me faz querer gritar e outras ficar bem quieta. Essa semana foi de recolhimento, silêncio. De precisar lidar com a dor insuportável de mais um luto, de reviver esse sentimento horrível da perda de quem amo, de sentir o amargor da ausência e da saudade sem fim. Não desejo isso pra ninguém. Já não sei mais de onde tirar forças. Sigo caindo e me levantando todos os dias, transformando o luto em luta. Não vou ter paz enquanto o Estado não responder #QuemMandouMatarMarielle e por quê.

#JustiçaParaMarielleEAnderson

♥ 6.679 curtidas ◯ 600 comentários

14 de novembro de 2023

68 meses. A certeza de que a saudade se estende no tempo e, sem ter pra onde escoar, alimenta a esperança do reencontro. Em outro mundo, outro espaço, onde todo o amor é possível. Onde não há guerras nem sofrimento. Vivo e luto pra que esse mundo seja possível também do lado de cá, para que nenhuma outra seja arrancada dos seus, do lar, da vida. Para que haja justiça. Para que, quando puder revê-la, possa contar que fiz tudo o que tinha que ser feito. Tudo o que ela faria.

#QuemMandouMatarMarielle
#justiçaparamarielleeanderson

PLAYLIST

TRILHA SONORA DE MARIELLE E MONICA

1. "Namora comigo" – Mart'nália
2. "Não vá embora" – Marisa Monte
3. "Quando bate aquela saudade" – Rubel
4. "Não vá ainda" – Zélia Duncan
5. "Quem de nós dois" – Ana Carolina
6. "The Blower's Daughter" – Damien Rice
7. "Velha infância" – Tribalistas
8. "Medo bobo" – Maiara e Maraisa
9. "O que falta em você sou eu" – Marília Mendonça
10. "Infiel" – Marília Mendonça
11. "Vestido estampado" – Ana Carolina
12. "Um edifício no meio do mundo" – Ana Carolina
13. "Pra você dar o nome" – 5 a Seco, Tó Brandileone
14. "O que é o amor?" – Arlindo Cruz
15. "1º de julho" – Cássia Eller
16. "Eu me acerto" – Zélia Duncan
17. "O anjo mais velho" – O Teatro Mágico
18. "Tempo perdido" – Legião Urbana
19. "Bem que se quis" – Marisa Monte
20. "Oração" – A Banda Mais Bonita da Cidade
21. "Turning Page" – Sleeping At Last
22. "A Thousand Years" – Christina Perri

   Ouça a playlist no Spotify

AGRADECIMENTOS

EM UMA TARDE QUENTE DE VERÃO CARIOCA, Marielle e eu estávamos em uma pequena livraria perto da praça Tiradentes folheando livros velhos quando achei um sobre significado de nomes. Marielle já foi fazendo cara de frustrada porque era pouco provável que seu nome constasse naquelas páginas amareladas pelo tempo. Ela tomou o livro das minhas mãos e folheou procurando seu nome. Sem sucesso, confirmou a cara de frustração. Mas subitamente mudou seu semblante para um ânimo espontâneo ao buscar o meu nome. Quando achou o nome "Mônica" no livro começou a ler em voz alta, mas foi abaixando o tom a cada característica atribuída ao nome:

"Mônica: só, solitária, sozinha, viúva."

Ela fechou o livro com força e me olhou. Nem consigo dizer direito qual era a minha cara naquele momento. Só lembro do que ela me disse:

"Nada disso! Esquece, amor. É 'Mônica' com acento, não é o seu nome! E, além do mais, você vai ter que dar seu jeito de viver mais de 100 anos, porque eu vou bater os 100. E você não vai estar sozinha nunca mais porque eu não vou te largar mais, vou cuidar de você pra sempre. Eu, hein! Esse livro não sabe de nada."

Jogou o livro em cima de uma pilha de outros exemplares velhos e rapidamente se virou de costas, procurando outro livro para folhear.

Relembro essa história para começar meus agradecimentos dizendo que Marielle estava certa. Ela não viveu os 100 anos que queria, mas segue cuidando de mim através de muitas pessoas que me ajudaram a chegar até aqui, que ajudaram este livro a nascer e que estenderam sua mão para que eu não me sentisse sozinha.

Quero começar agradecendo à Marielle, que não só é o sentido deste livro, como é o sentido da minha força para seguir a vida com coragem. Este livro é dedicado ao nosso encontro nesta vida e ao nosso amor imortal.

Agradeço à minha mãe, Angela Azeredo (ou Anja, como a chamo), mulher que me inspira e que deixou o seu amor por mim falar mais alto do que tudo. Ao meu irmão Wagner, à minha cunhada Lidiana e aos meus sobrinhos Luiz Henrique, Vittorio e Arthur, por serem amor generoso e formarem a minha família. Ao meu pai, Cleuton Benicio, que mesmo distante sempre me ofereceu um amor presente.

Agradeço ao meu melhor amigo, David Miranda, em memória, pelo amor profundo, alegria, amizade, sonhos e aventuras que tive a oportunidade de partilhar.

Agradeço a todas as pessoas que me abraçaram em 2018 me desejando amor e cura, em especial àquelas pessoas que foram parte do processo de cura, como a "Liga das Babás": Pedro Miranda, Lia Rocha, Gabriela Buscácio, Amanda Mendonça, Aryanne Felicidade, Thais Felicidade, Viviane Oliveira, Maria Medicis, Dejany Ferreira, Natalia Sant'Anna, Adriana Trindade, Sandra Cavalcanti. E à Keka Bagno e ao Marcelo Freixo, que também me ajudaram a sobreviver a 2018 com seu afeto e companheirismo.

A todas as mulheres que conheci nesta estrada dura de luta, mas iluminada pelo companheirismo solidário, que me mostrou que o feminismo é o oposto de solidão: Lela Gomes, Camila Marins, Andressa Caldas, Preta Ferreira, Carmen Silva, Luíse Reis, Lua Leça, Rosa Melo, Caroline Kugler, Karina Gallon, Marina Íris, Talita Victor, Dida Figueiredo e Sol Miranda.

A todas as mulheres lésbicas que conheci na luta internacional e que me acompanharam ao redor do mundo me fortalecendo com acolhimento e esperança, agradeço a todas em nome de Stéphanie Palancade, Kika Fumero, Titti De Simone, Daniela Brazil e a cada uma que me estendeu a mão.

Agradeço à Fernanda Chaves, Juliana Farias, Talíria Petrone e Zélia Duncan, mulheres especiais em minha vida, que eu admiro profundamente e que toparam fazer parte deste livro, momento tão singular na minha vida.

Agradeço imensamente às minhas amigas Caroline Castro, Isabel Palmeira, Samantha Su e ao meu amigo Jackson Anastácio, pela parceria fundamental e pelo apoio incondicional que tornaram possível a existência deste livro, em especial ao meu denguinho, Bruna Magalhães, pelo companheirismo quando eu precisava me recolher para escrever e pela paciência com as minhas ausências.

Agradeço ao meu terapeuta, Eduardo Passos, e à minha psiquiatra, Juliana Pimenta, pelo trabalho árduo e valoroso em me ajudar a encontrar o meu caminho (mesmo em meio à dor) e fazer este livro nascer, superando todos os desafios subjetivos.

Quero agradecer também à editora Livia Vianna, que me pagou um café numa manhã no Centro da cidade e me fez acreditar que essa história merecia ser contada na Editora

Rosa dos Tempos. Livia Vianna se tornou uma amiga entusiasta desta obra como ninguém. Junto com Sônia Jardim, Thadeu Santos e todo o Grupo Editorial Record, Livia esperou pacientemente o meu tempo para que este projeto nascesse sem me ferir ainda mais. Escrever este livro se tornou, por isso, um momento de fechamento de ciclo, e não mais uma ferida aberta na minha vida.

Agradeço a todas, todes e todos que me abraçaram ao longo desses anos, que me estenderam a mão de forma generosa e me ajudaram a ficar de pé e seguir. Eu não estaria compartilhando esta história aqui se não fosse por todo esse amor recebido de cada pessoa que, perto ou longe, se solidarizou comigo. A vocês, eu dedico esta obra como forma do meu reconhecimento por toda a solidariedade que recebi, sem a qual eu não teria conseguido chegar até onde cheguei.

Agradeço também a cada uma e a cada um que acreditou no projeto político que eu represento e me elegeu vereadora da cidade do Rio de Janeiro, uma responsabilidade que tem ressignificado minha vida e que é parte da luta de justiça por Marielle e Anderson. A Mandata MB é ferramenta na construção de um mundo mais justo e igualitário, onde Marielles possam florescer. Obrigada pela confiança em mim depositada.

Agradeço a cada pessoa que compõe a minha equipe na Mandata MB, trabalhando diariamente na construção de uma cidade mais inclusiva, que respeite a diversidade, que seja segura para todas as mulheres, as pessoas da comunidade LGBTQIAP+ e nossa juventude negra e favelada. Todo o trabalho da vereança que represento é fruto de muito trabalho coletivo de uma equipe montada majoritariamente por mulheres LBTs, da qual me orgulho de ser o rosto público.

Agradeço a cada pessoa que se comove com essa história, que se deixou tocar de alguma forma por esse amor e que se inspira e acredita que o amor entre mulheres é revolucionário. De fato é, acredite!

Por fim, encerro aqui admitindo que Marielle tinha razão, não importa o significado do meu nome, depois do nosso encontro eu nunca mais estive sozinha. E graças a você, que passou por estas páginas onde entreguei o mais especial da minha vida, eu sigo sentindo a presença dela cuidando de mim e me reafirmo, cada vez mais certa de que esse amor é imortal. Você agora também faz parte dessa história. Muito obrigada por isso.

Com amor e gratidão,
Monica Benicio

Em 31 de janeiro de 2024, 18 anos depois
do primeiro beijo de Marielle e Monica,
a edição deste livro – diferentemente desta
história de amor – chegou ao fim.

*

A primeira edição deste livro foi impressa em
fevereiro de 2024, ano em que se completam
6 anos do assassinato sumário de Marielle Franco,
companheira de Monica Benicio, e de Anderson
Gomes, seu motorista, sem que os mandantes
tenham sido identificados.

O texto foi composto em Sabon LT Std, corpo 9/15.
A impressão se deu sobre papel off-white pela
Gráfica Santa Marta